# 屏山漫笔

黄琳斌　著

暨南大学出版社
JINAN UNIVERSITY PRESS

中国·广州

图书在版编目（CIP）数据

屏山漫笔 / 黄琳斌著. -- 广州 ： 暨南大学出版社，
2025. 5. -- ISBN 978-7-5668-4146-9

Ⅰ. D609.9-53

中国国家版本馆 CIP 数据核字第 2025HY4837 号

屏山漫笔
PINGSHAN MANBI
著　者：黄琳斌

出 版 人：阳　翼
策划编辑：黄　颖
责任编辑：黄　颖
责任校对：刘舜怡　陈慧妍
责任印制：周一丹　郑玉婷

出版发行：暨南大学出版社（511434）
电　　话：总编室（8620）31105261
　　　　　营销部（8620）37331682　37331689
传　　真：（8620）31105289（办公室）　37331684（营销部）
网　　址：http：//www.jnupress.com
排　　版：广州市新晨文化发展有限公司
印　　刷：广州市友盛彩印有限公司
开　　本：787mm×1092mm　1/16
印　　张：10
字　　数：170 千
版　　次：2025 年 5 月第 1 版
印　　次：2025 年 5 月第 1 次
定　　价：49.80 元

# 屏山漫笔

## 目 录
## Contents

# 在尊重患者的前提下保障实习

近年来，保障医学实习与保护患者隐私之间的矛盾不断见诸媒体。归纳历次讨论，双方的主要分歧在于：一方认为，医学实习带有公益性质，是培养合格医务工作者的必经之路，患者不能只讲享权利，不讲尽义务；另一方认为，患者和医院之间是合同关系，患者没有额外充当教具的义务，医学实习一要征得患者同意，二要给予经济补偿。从几次讨论的情况看，后一种观点渐渐占了上风。法院对这类诉讼的判决，几乎都站在了患者一边。

笔者注意到：从几次讨论来看，主张患者隐私权优先的一方都回避了一个问题，即当医院征求患者意见，而患者又不同意接受实习生时，实习工作该怎么办？这实际上是一个很关键的问题。因为在现有的国情下，就算医院出钱补偿，大多数患者也未必愿意接受实习生观摩、操作。如果补偿数额足够大，也许部分患者会愿意，但这又是不现实的，因为医院无力为这么多实习生承担相关费用。也就是说，既要保证实习需求，又要征得患者同意，这在现实生活中很难实现。如此，医学院校的学生该怎么实习呢？主张患者隐私权优先的一方之所以回避这个要害点，原因就在于，他们也不得不承认，医学实习是培养合格医务人员的必要环节。

医学实习和患者的合法权益都必须得到保障；但是，当公众利益和个人利益产生无法调和的冲突时，前者应当得到优先保障，这是现代文明国家、法治国家不得不作出的选择。因为个人利益只涉及个人，公众利益则涉及一个国家、一个地区的正常运转和全体人民的福祉。医学实习不是私人行为，也不是商业活动，是国家培养医务人才的一个必经程序，体现的是公众利益。如果医学生在从业前学不到足够多的知识，也得不到足够多的训练，那么他们日后必然在岗位上产生种种问题，甚至可能导致严重的医疗事故，损害大批患者的利益，所以保证医学实习是非常有必要的。当然，相关工作的细节要做好，比如实习程序务必规范，态度务必严肃，对患者务必尊重，可以专门对患者表示感谢等。

一般认为，隐私是指个人与社会公共生活无关的、不愿让外界知道或受打扰的私事。笔者认为，医学院校的学生到医院实习是为了成为合格的医务工作者，实习生的整个操作过程也是在医生指导下按规范进行的。一个程序合法、目的端正、操作规范、态度严肃的教学活动谈不上"侵犯"个人隐私，正如医生按规定对异性患者做检查不能算"侵犯"个人隐私一样，二者的区别仅仅在于前者是教学，后者是诊疗，患者不妨以平常心坦然处之。此外，接受医学观摩也不会使患者的社会评价降低。

人的权利不是绝对的，为了维护国家、社会的整体利益，有时需要公民牺牲一定的权利；特别是当这种牺牲并不会对公民的正常生活造成较大影响时，可以多为国家、社会的安宁和进步贡献自己的力量。从长远来看，这种奉献有利于提高自己的生活质量：如果一个人能够积极配合医学实习，为国家培养高水平的医务人员出力，那么他和他的家人就可能成为其中的受益者；反之，可能成为受害者。

（原载《健康报》2003 年 11 月 21 日）

# 树立规则观念

即将过去的 2003 年有一个引人注目的现象：媒体报道了多起大学生因违反校规被开除或取消学位的事例。

就拿大学生因作弊被开除或取消学位来说，不作弊是一所学校为学生制定的最基本、最重要的规则之一，因为它涉及学校要培养什么品质的公民的问题，涉及学校维持最基本的教育教学秩序的问题，涉及"公正"这个人类至今仍在为之苦苦奋斗的问题。不作弊也是被强调最多的规则之一，从小学开始，学校就三令五申。不作弊还是学生最容易遵守的规则之一，因为它不需要动脑动手，不影响任何正当利益，甚至不妨碍睡懒觉。可有些已是成年人的大学生偏偏要冲这条红线。如果再联系已毕业大学生缺乏诚信、恶意拖欠银行贷款的现象，也许会有更多的人理解：违规成本越小，违规现象就越多；反之亦然。

1764 年，哈佛大学一名学生私自将校图书馆的一本珍本带出，后主动向学校认错并归还图书。霍里厄克校长虽然肯定其勇气和诚实，但还是将这名学生开除。20 世纪 80 年代，日本一名女中学生因坚持留长发而违反校规被开除，学生家长诉之法院但败诉了，法院认为：日本之所以有今天的发展，靠的是严守纪律、坚韧不拔的民族精神。对这两名学生来说，校方的处分也许过于严厉，但对全体学生乃至全民族的利益而言，这种处分不为过。

"没有规矩，不成方圆""国有国法，家有家规"，这两句尽人皆知的俗语道出了规则的根本性质和维护规则的终极意义。本文提到的"规则"是指有利于人类发展和社会进步的"显规则"，而不是那些上不得台面的"潜规则"。任何组织（包括国家）、任何活动都是按一定的规则行事，大大小小、方方面面的规则维系着一个国家、一个社会的正常运转和进一步发展。一个组织制定规则的目的是：保证这个组织和组织成员以最小的代价获得最大的利益。规则越合理、越完善，维护规则的力度越大，这个组织就越有活力和希望；有好的规则却得不到严格执行，尤其当一些基本规则被破坏而对破坏者的处罚不足以让他人畏惧时，这个组织也会逐渐出现危机。

所以，一个人只要进入某个组织，就得严格遵守其中的规则；如果他认为有的规则不合理，可以争取改变，但在规则变动之前不能违背，否则就要付出代价。要知道，用非正常手段破坏规则对一个组织的危害程度远远大于规则本身的不合理造成的危害，因为前者污染的是源头，破坏的是根本。

树立规则至上的观念，养成按规则行动的习惯，这是人类最基本、最重要的一条规则。

（原载《南方日报》2003 年 12 月 26 日）

# "林妹妹" 不只是一个知识点

童大焕先生在《中国青年报》发表了《不要在学习上上纲上线》一文，阐述了两个观点：一个人的人文精神（素质）与其所掌握的知识无关；文化（文明）是丰富多彩的，各类文化之间没有高下之分，只知影视歌星、不懂"林妹妹"无关人文素质。

应当说，童先生的看法颇有代表性，但笔者有不同看法。

如果说一个人掌握的知识多少与其人文素质的高低成正比，那么这是一个极端，因为我们已看到一些博士导师剽窃、嫖娼、廉价使用研究生牟利的例子；但如果说这二者之间是"完全不同的两码事"，那恐怕又走上了另一个极端。

人文精神是一种普遍的人类自我关怀，是对全面发展的理想人格的肯定，对人的尊严、价值和命运的关切，对人类各种精神文化现象的珍视。人文素质包括达到一定水平的知识储备、思想境界、道德水准、艺术修养等诸多因素。

一方面，没有一定的人文知识做基础，就不可能修炼出一定的人文精神，就不可能达到一定的人文素质水平。比如，如果你对中国的历史文化缺乏基本的了解，就不能理解长城、故宫的价值所在，就不会对那些珍贵的人类历史遗产产生敬畏感，就很难自觉形成文物保护意识。再如，如果你没有艺术基本的表达方式方面的常识，就不能体会到艺术的妙处，就不可能培养出一定的艺术修养。现在我们对大学生进行人文素质教育，一个重要途径也就是开设传统文化概论、音乐欣赏等课程，通过传授基本的人文知识，培养他们的人文素养。

另一方面，基本的历史、文化、社会知识本身就是人文素质的有机组成部分。这正如童先生在文中写的："公共教育，就是要把人培养成真正的人，培养成一个公民，掌握最基本的知识……"笔者以为，一个人的知识体系可由以下几部分构成：一是他之所以为人、为公民的基本知识，二是与他所从事的职业有关的专业知识和相关知识，三是他出于自身兴趣或发展需要而掌握的知识。其中第一部分知识是人人都应当具备的，它不但包括简单的数学知识、一定数量的语言文字知识、起码的法律知识和道德知识，还包括历史知识、文化常识。童先生认为青年歌手不懂一些常识和中学生不懂"林妹妹"不必大惊小怪，笔者却认为，"一叶落而知秋"，作为一个中国人，不知道《清明上河图》，不知道《红楼梦》中的女主人公，其人文素质是令人怀疑的，因为《清明上河图》是中国的瑰宝之一，《红楼梦》代表中国古代长篇小说的高峰。如果连这些本国的、世界公认的人类文化珍贵遗产的基本知识都不懂，正说明这个人的文化素质堪忧。反过来说，任何一个要培养文化素质的人，都要从这些基本的历史知识、文化常识开始积累。

当然，笔者很同意童先生所说的：文化（文明）是丰富多彩的，各类文化应相互包容。阳春白雪与下里巴人同样受欢迎，但这绝不等于说不需要做逐步提高全民人文素质的工作。

（写于 2004 年 11 月）

# 警惕志愿活动的功利化

南京大学为鼓励大学生参加2005年志愿服务西部计划，除国家公布的10项优惠政策外，还规定每人每月增发生活补助200元；对服务期满两年并考核合格者，若报考本校研究生，总分控制线降20分、单科控制线降10分录取，并推荐部分人免试攻读研究生。各地、各高校也出台了不少类似的鼓励措施。

笔者认为，对志愿活动不宜给予过高补偿（包括物质方面和精神方面）。所谓志愿活动，需要满足三个条件：参加者完全出于自愿；不主动寻求任何好处；对他人并且对国家和社会有益。三者不符合其一，一项活动就丧失了作为志愿活动的本质特征，参与者也就不能称为"志愿者"。

参加志愿活动，特别像大学生去西部服务，是要付出一定代价、做出一定牺牲的。有关部门制定一些适当的优惠政策，对这种牺牲给予适当的补偿或一定的奖励，是对志愿精神的肯定和鼓励，自有必要。然而，制定这类政策时须小心谨慎，补偿或鼓励应当是最为必要、最小限度的，可补偿可不补偿的不补；要尽力避免由于补偿而导致的功利对志愿活动的侵袭，这是志愿活动最大的敌人。比如给去西部服务的大学生发放一定的生活补贴是必要的，因为不如此他们甚至难以生存。但在考研上给其如此优厚的待遇，可能会让部分人发现可由此走"曲线读研"的路子，这恐怕违背补偿或奖励的初衷。

功利侵蚀志愿活动，不利于对包括大学生在内的青年人的教育和他们的自我教育，不利于保持、促进志愿活动的健康发展。志愿者受到尊敬，是因为他们是在完全自愿的情况下去帮助他人和社会，去做出牺牲；当志愿活动染上功利的色彩后，这种活动的崇高性和伟大性就失去了光泽，其号召力也会大大减弱。而且，人们之所以愿意参加志愿活动，是因为他们能从中发现自己的价值，能体会帮助别人快乐自己也能得到快乐。此外，人们志愿做一件事和带功利心去做一件事，效果是大不相同的。因为志愿者专注于做好这件事本身，他会为此竭尽全力；而意图从中捞取好处的人专注于志愿活动之外，是难以持久地尽心尽力，容易对困难消极应付或避开不理。

目前，志愿活动的开展在我国还处于初级阶段。为了吸引更多的人参与志愿活动，有的地方采取了功利手段，这无异于揠苗助长：从短期看，志愿活动似乎在我国各地蓬勃开展，形势大好；但从长远来看，志愿活动一旦被功利化，其道德教育的功能将大大弱化，容易引发种种问题。所以，不急于求成，稳扎稳打，一开始就努力保持志愿活动的纯洁性，才能保证我国方兴未艾的志愿活动走上健康、可持续发展之路。

（原载《中国经济导报》2005 年 7 月 16 日）

# 要个性也要组织纪律性

古铭先生在《中国青年报》发表《为什么不取消校服》一文，认为校服不利于学生个性发展，也容易引发腐败，建议取消校服。

笔者注意到，从近年来媒体关于学生与学校之间种种冲突的报道来看，强调"人性化管理"，主张学校不要束缚孩子们个性成长是永恒的主题之一；我们很少看到有媒体在这种场合不忘提醒要重视培养学生的集体感和组织纪律性。这恐怕是一种危险的偏差。

我们正在努力建设创新型社会。积极培养公民尤其是青少年一代的质疑能力和创新精神至关重要，但一位公民若要对社会、对国家作出贡献，仅具备这一点是远远不够的；如果一个人兼有极强的开创性和极强的个人主义，反而可能危害社会。打一个通俗的比方，刀子本身是无所谓有害还是有益的，关键看掌握在谁的手里。一个缺乏创新精神的民族是没有前途的，同样地，一个缺乏组织性和凝聚力的民族也毫无希望。

就校服这个问题来说，它确实会在一定程度上束缚孩子的天性，但任何事物总是有利有弊的，只有"两害相权取其轻，两利相权取其要"。校服的重大意义就在于培养学生的集体感、平等意识和朴素作风：我们都是这个集体的，都一样穿着；我们都是平等的，不管是富家儿女还是贫寒子弟都一样穿着；我们还是学生，不能对打扮讲究过多。笔者认为，"生在红旗下，长在蜜水里"里的这一代人不缺个性，缺的是组织纪律性；不缺自豪感，缺的是集体荣誉感。学生的个性可以通过课堂学习、课外活动等培养；校服不好看和诱发腐败可以通过完善招标制度等方式来改善、解决；而努力培养这一代人对集体的热爱、对规则的敬畏和对真理的追求恐怕是当务之急。正因为如此，校服制在世界各地普遍推行。

　　20世纪80年代的日本曾发生这么一件事，它也许可以给我们更多的启示：一名女中学生因坚持不肯留校方统一规定的齐耳短发被开除，家长将学校告上法庭，结果被判败诉。法院认为，单就这件事和这名学生而言，学校做出的决定可能过于严苛；但从大的方面来说，培养全体民众从小养成集体感和遵守纪律的习惯是至关重要的。

（原载《海峡都市报》2006 年 1 月 23 日）

# 警惕 "脸好看，事难办"

由于工作关系，笔者经常要与群众打交道。最近不止一次听到群众反映：现在到一些单位办事，经办人态度都很好，但效率不高，事情迟迟办不好；而且因为他很客气，你还不好意思去投诉他。

过去有"门难进，话难听，脸难看，事难办"的说法，但近年来各地大抓工作效能建设，要求工作人员树立服务意识，忠于职守、依法行政、廉洁奉公、高效率地履行岗位职责。在这种情况下，门好进了，工作人员的话好听了，脸也好看了。然而，部分工作人员依然没有把真正把自己当作人民的勤务员，没有真正树立起"权为民所用，利为民所谋，情为民所系"的观念，而是抱着"多一事不如少一事"的态度，工作积极性、主动性不高，只图自己省心，不思创造性地开展工作，导致很多努力一下就可能办成的事被弃之一边，也不管给群众造成多大的不便。

我们正在努力建设以民为本、运转高效、行事规范、认真负责的服务型政府。2004年2月，温家宝总理在中央党校省部级主要领导干部"树立和落实科学发展观"专题研究班结业式上的讲话中，提出"努力建设服务型政府"，这是国家领导人首次明确提出"服务型政府"的概念。这就要求有关部门牢牢树立公仆意识，把人民的利益放在第一位，按照转变职能、权责一致、强化服务、改进管理、提高效能的原则，创新政府管理方式，寓管理于服务之中，更加注重履行社会管理和公共服务职能，为基层、企业和人民提供更优质、更到位、更及时的服务，让人民对政府满意、放心。

相信服务型政府的观念一定能够蔚然成风，"门好进，话好听，脸好看，事好办"能尽快成为新时期服务型政府机关的写照。

（原载《人民日报》2006年12月5日）

# "公务员热"再思考

最近，公务员报考热再次引起各方热评。一方主要是质疑众多报考者的动机——追求好待遇，和对公务员"好处"过多的反思；另一方认为报考热源于广大青年报效祖国的愿望，认为对报考公务员的目的是想当官、稳定等猜测没有根据。

笔者注意到，不论是"报己论"者还是"报国论"者，都把追求好待遇当作一种上不得台面的想法，似乎要报效国家就不能吃好穿好住好。

我们努力建设社会主义和谐社会，谋求全面发展，说到底就是要让全体人民过上物质和精神两方面都越来越充裕的生活。人民不但应是国家和社会的建设者，还应是建设成果的享用者。"公"是由一定范围、一定数量的"私"组成的，所谓公共利益就是一定范围内私人利益的集合。如果这个范围内的多数人都没法享受建设成果，搞建设也就失去了意义。因此，我们要的是国家利益、集体利益和个人利益之间的有机统一，而不是号召一味牺牲个人利益去满足公共利益——笔者绝不赞成媒体报道的个别典型人物宁让妻子长期受病痛折磨而去资助别人治病，须知家人也是人民的一分子。就是说，追求好待遇本身并非不光彩的事，在不损害国家利益和集体利益的条件下，我们还要鼓励人们努力追求自身待遇的改善，形成三方利益之间的良性互动。

另外，追求美好的生活也是人之常情，是人类社会得以不断向前发展的动力，如果号召大家啃着咸菜、点着油灯上网冲浪，那就是违背人性和历史发展规律。关键在于：第一，追求好待遇应通过合理合法的途径。第二，追求个人好待遇的同时要找好国家利益、集体利益和个人利益之间的合理平衡点；在社会主义初级阶段，我们更提倡尽量多照顾国家和集体的

利益。

接下来让我们回到动机之争本身。在笔者看来，如果说认为多数青年人报考公务员主要出于个人私利是一种虚无主义，那么认为多数人的动机主要是为了报效祖国则是一种理想主义。

要想对当代青年的整体思想道德状况作出较为客观的判断，就得通过一定规模的科学的实际调查，否则"报国"也好，"报己"也罢，都缺乏扎实的根据。笔者个人的看法是，根据通常的经验，当代青年的整体思想道德现状最有可能呈现一种橄榄形，即思想道德很高尚者和思想道德很低劣者都不多，多数人的道德感居于一般及其上下。我们既不能因为媒体报道的部分大学生负面新闻就把当代青年想象得很糟糕；也不能因为青年支教者徐本禹等人的感人事迹而认为所有青年都品德高尚。我们要理性、客观地看待当代青年。

在现实面前，最好的办法就是先承认和尊重它，然后努力使之往有利于国家、社会和个人的方面去转变，"看破一切"或自欺欺人都可能妨碍这种转变。在现阶段，我们恐怕不能苛求大多数青年人做事要抱有高尚的动机。就拿报效祖国来说，它有不同层次和多种途径：志愿到"老、少、边、岛"工作值得尊敬和提倡，想留在大城市当公务员也不必苛责，只要尽忠职守就是报效人民。当然，在当前中西部和农村地区亟须青年人才、各大城市几乎人满为患的现状下，祖国和人民更需要广大青年到基层去，我们也要采取一些措施鼓励青年人去中西部和农村地区、去中小企业建功立业。

（原载光明网，2006 年 12 月 22 日）

# 建议设立国家级社会科学政府奖

两会期间，全国人大代表、宁波大学外国语学院院长范谊建议，设立国家级的哲学社会科学成果奖，以积极调动和发挥哲学社会科学工作者的积极性。

不久前，党中央、国务院隆重举行国家科学技术奖励大会，对自然科学领域的先进个人和优秀成果予以表彰和奖励。这再次引起了人们对设立国家级社会科学政府奖的关注。目前，我国多数地方政府设有社会科学政府奖；国家有关部门、社会团体也设有不少全国性的社会科学奖项，如全国哲学社会科学规划领导小组主办的国家社会科学基金项目优秀成果奖、中国社科院主办的全国青年优秀社会科学成果奖、教育部主办的中国高校人文社会科学研究优秀成果奖、胡绳青年学术奖励基金管理委员会主办的胡绳青年学术奖等。然而，上述奖项都不是以国务院的名义颁发的国家级政府奖。

我国宪法第二十条规定："国家发展自然科学和社会科学事业，普及科学和技术知识，奖励科学研究成果和技术发明创造。"按这一规定，奖励科学研究成果和技术发明创造属于国家行为，包括国务院在内的各级政府不仅应当设立自然科学类奖项，还应当设立社会科学类奖项。以最高国家行政机关即中央政府的名义设奖，体现了国家层面的"尊重劳动，尊重知识，尊重人才，尊重创造"，具有最强的激励和导向作用，其影响无可替代。另外，我党也一向高度重视社会科学，党的领导人多次提出要将社会科学放在和自然科学同等对待的战略地位上。如邓小平同志提出"科学当然包括社会科学"；江泽民同志提出，社会科学与自然科学"同样重要"；江泽民同志在党的十六大报告中提出"坚持社会科学与自然科学并

重",都体现了这一战略思想。

因此,笔者认为设立国家级社会科学政府奖,有利于调动社会科学工作者的积极性,有利于社会科学的进一步繁荣,有利于全面实施科教兴国战略和科学发展观,有利于社会全面协调可持续发展。

目前,设立由国务院颁发的国家级社会科学政府奖的各方面条件已成熟。首先,我国社会科学的发展已进入新的发展阶段,每年都有一批水平高、社会影响大的成果问世。其次,各类全国性社会科学奖和省级社会科学政府奖已运作多年,为设立国家级社会科学政府奖提供了丰富的经验,可考虑在整合一些影响力大的全国性奖项的基础上设立政府奖。另外,我国国内生产总值逐年增长,也为设奖奠定了雄厚的物质基础。当然,与自然科学相比,哲学社会科学成果的学术价值显现周期较长,难以进行精准的量化评价,主观性相对强一些,需要进一步完善评价机制。切盼有关部门尽快落实党和国家关于社会科学和自然科学是"车之两轮,鸟之两翼"的方针政策,尽快设立国家级社会科学政府奖,奖励在社会科学领域作出突出贡献的个人和重大科研成果。

(原载《民主》2007 年第 6 期)

# 重视对贫困大学生的精神扶贫

关于资助贫困大学生的问题成为近期舆论的一个热点：全国首例国家助学贷款信用保险最近在云南赔付，云南某行获得某保险公司为大学生违约支付的24笔共2万多元赔款；湖北襄樊市五名贫困大学生受助一年多来，没有对资助者说过一句表示感谢的话，被当地总工会取消受助资格；山西132名贫困生因弄虚作假，被取消受助资格。

媒体去年就曾报道，台湾地区老人殷昌杰在厦门6年资助上百名贫困大学生，但不少人在毕业时不曾问候他。接受高等教育的部分大学生道德水准如此、社会责任感如此，这不由得令人痛心。然而，痛心之余，我们也不妨反思一下：仅仅依靠经济资助的方式是不是需要改进？是不是应更多地从精神上给予贫困生资助？

对部分贫困生来说，物质贫困让他们承受着巨大的精神压力，与物质上的贫困相比，精神上的贫困更加深刻而持久，更值得我们重视。笔者认为，部分贫困生不懂感恩、不守信用，除了道德因素，与这种心理根源不无关系。

人的解放贵在精神上的解放。如果我们只是在经济上资助贫困生，没有帮助他们摆脱精神的贫困，那就是治标不治本，也不符合人才培养的目标。不论是国家助学贷款还是学校、社会设置的各种救助基金，如果给钱了事，部分贫困生习惯后，就容易把贫困当作受助的资本，产生"受助是理所当然"的依赖心理。实践证明，激发和培养他人的自尊自强精神，使其有动力有能力实现自我发展，效果比单纯给钱给物要强得多，也才是解决问题的根本。目前我国在农村地区的扶贫工作重点已从单纯的输血式扶贫变为造血式扶贫，主要原因就在于此。

感恩之心和社会责任感不会天生从人脑中产生，需要学校、家庭和社会有意识的培养。所以，我们在广泛动员全社会力量在经济上资助贫困生的同时，还应当积极对贫困生进行心理疏导和道德教育，也就是精神扶贫。目的是在支持他们完成学业的同时，培养其形成自强自立的精神、健康向上的人格、诚实守信的品质、努力报效社会的责任感，使他们能够昂首挺胸地走向未来。这是一项比经济资助难度要大得多但意义也大得多的工作，需要我们付出相当的努力。

精神扶贫的方式宜多样、生动，注重让贫困生在实践中体验真善美。比如学校可组织他们勤工助学、做义工等。可喜的是，有些地方已做了类似的探索。

（原载《中国县域经济报》2007 年 9 月 3 日）

# 从"纸馅包子"事件反思媒体用人机制

"纸馅包子"虚假新闻炮制者訾某,于 2007 年 8 月 12 日一审被判有期徒刑一年。

作为一名新闻从业者,笔者以为,像这类故意捏造事实、炮制"新闻"的事件应属个别操守不佳者的个案,但暴露出的诸多深层次问题,比如媒体用人机制的问题很值得深入反思。

现在不少市场化媒体的大量记者、编辑是没有编制的。他们底薪极低,没有职称,没有"三险一金",收入差不多完全与工作量、稿件质量挂钩。不少媒体还实行末位淘汰制,一年半载甚至三个月排一次位次,不管多努力,只要排在后面几位,只能卷铺盖走人。这种完全市场化的用人机制是媒体为适应残酷的市场竞争设置的,好处是可以最大限度地激发人的积极性和创造力,让记者、编辑出好稿、好栏目,从而扩大媒体的社会影响力,争取最大份额的广告收入。然而,其缺陷也是显而易见的:在朝不保夕的生存压力下,媒体从业者急功近利,赶着出成绩、出名气,把本来很严肃的新闻工作仅仅当作一项赚钱的营生,缺乏对新闻事业应有的敬畏感;另外,"新闻民工"的身份也使他们缺乏对本单位的归属感和责任心,主动维护其名誉的意识淡薄。在这种背景下,出现"纸馅包子"事件有一定的必然性——这个"纸馅包子"假新闻的炮制者就是一个临时工。中央电视台主持人敬一丹就曾说,媒体临时工往往是一个媒体最前线的员工,他们干的是最危险、最有挑战性的工作,但是他们享受的是最不能接受的现实:稿费打折,生活无保障,人身不安全。

笔者特意查看了《新闻记者》杂志组织评出的 2001 年到 2006 年的年度中国十大假新闻,发现上榜的媒体多数属市场化媒体。看来,市场化媒

体的用人机制问题具有一定的普遍性。

反观非市场化媒体的用人机制，我们可以看到：旱涝保收固然不利于到市场搏浪，但人心稳定、重视职业守则和操作规范是这个机制的一大优点。市场化媒体在用人上需要有战略眼光，不妨适度借鉴非市场化媒体用人制度中人性的一面（非市场化媒体也应当吸收市场化媒体用人方面的长处），舍得提高待遇来善待从业人员，消除他们的后顾之忧，引导他们把新闻当作一项崇高的事业来做，培养他们对新闻事业的敬畏感。要知道：好新闻好媒体都是人做出来的，"纸馅包子"也是人做出来的，人决定一切，得用事业、待遇和感情把人留下来，"铁打的营盘流水的兵"绝不利于新闻事业的健康、长足发展。

（原载《今日中国论坛》2007 年第 9 期）

# 年轻人抽空读点书

时下重视掌握某种实用型技能、轻视综合性文化素质的观念在社会尤其在年青一代中相当有市场。因为在一些人看来，走绘画、打球等实用型道路不仅可免长期读书之苦，还能快速成名、致富；而读书学文化不但辛苦，还不能带来立竿见影的效果。

应当承认，像打球、跳舞、摄影等实用型技术的提高有相对的独立性，只要刻苦训练，不需要怎么读书看报，也能练就相当的水平。但要使"技术"升华为"艺术"，就需要文化因素的介入；想要达到的层次越高，文化素质起到的作用就越大。写手与作家的主要区别，就在于作品文化含量的多少、思想水平的高低，而不在写作技巧。再拿打台球来说，它不单是一种技术的展示，还是一种文化：观众要欣赏的绝不仅是一杆清台的高超技术，还有球员对台球运动的深刻理解并贯彻到击球过程中所表现出的气质、风度和修养，那种能真正感动观众内心的果敢、坚韧、沉稳、优雅和大气。举止粗俗，心浮气躁，赢了就得意忘形，输了便意志消沉，这样的球员绝不可能登上巅峰。这正如《奥林匹克宪章》所指出的：奥林匹克主义是将身、心和精神方面的各种品质均衡地结合起来并使之得到提高的一种人生哲学。它将体育运动与文化和教育融为一体，奥林匹克主义所要开创的人生道路是以奋斗中所体验到的乐趣、优秀榜样的教育价值和对一般伦理基本原则的尊敬为基础的。

笔者认为，当前社会上一些引人注目的现象自有特殊成因，但不少似可从文化上找根源。比如，有些影片场面壮观，服装华丽，却无法拿奖，其中很重要的一个原因是：缺乏对人类命运独特的审美领悟，导致片子内容空洞，表现不出强烈的时代精神、深厚的文化底蕴，难以引起观众共

鸣。有些舞蹈仿佛有杂技化的趋向，动作难度虽然很大，却表现不出作品的文化底蕴和舞者的思想情感，变成一种纯粹的炫技。

我国国民图书阅读率连续 6 年走低，今年首次跌破 50%，引起舆论强烈关注。不少青年人爱上网、追剧、听音乐，就是不爱读书看报；即使在读书的群体中，也出现了一种追求娱乐、懒于思考的"消遣性阅读"的倾向。书读得少，或只读不需动脑的娱乐书，容易导致眼界狭窄，见识浅薄，思路滞淹，志趣低下，心浮气躁，急功近利。年青一代是祖国的未来、民族的希望，诚盼中国年青一代多读书，多读长知识、长智慧的好书，全面提升自己的精神境界和文化修养，为日后的长足、全面发展蓄积充足的后劲。

（原载《福建日报》2007 年 10 月 17 日）

# 多为农民工办实事更要紧

重庆 400 多万名农民工于 2007 年 11 月 4 日度过了自己第一个"农民工日",媒体宣传、评选"十佳"、免费体检……

年初以来,类似的新闻不少:各地政府有请农民工代表旅游的,有请农民工代表出席招待会的,有请农民工代表为新落成的大厦剪彩的……这说明,在各级党委和政府的不懈努力下,已有越来越多的人认识到农民工对经济建设和社会发展起到的重大作用,农民工的地位和待遇正在不断得到改善。然而,总体来说,目前 2 亿农民工的处境还不大乐观。比如,参加基本医疗保险、基本养老保险和基本工伤保险的农民工比例还不高,防止农民工工资被拖欠的长效机制还没有普遍建立起来,农民工的职业病防护形势还比较严峻,农民工的业余文化生活还相当单调,农民工还面临子女就近上学难的问题……可以说,城乡二元结构体制长期积累起来的巨大的城乡差距,体现在城乡居民经济收入、福利政策、法律保护等方方面面,有的问题根深蒂固,不是一朝一夕能解决的。要使农民工的地位和待遇得到根本改善,需要各级党委和政府做的事还很多很多,完全称得上任重道远。

政府为农民工过节,请农民工旅游、为新落成的大厦剪彩等,体现了政府对农民工辛勤劳动的尊重和肯定,能在全社会起到一个很好的导向和示范作用。然而,从广大农民工当前面临的诸多问题来看,政府仅有这些举措是远远不够的,直接的惠及面还不够大,对解决实质性的问题帮助有限。因此,政府接下来应把更多的时间和精力扎扎实实地花在解决农民工的一个个实际问题上,解决他们的种种后顾之忧,改善他们现实的生活条件,特别是根据城市的资源承受能力,有计划、有步骤地使他们获得所在

城市的市民待遇。

尤其值得我们关注的是，政府出台的一些政策措施应真心实意地为农民工谋福利，坚决克服各种形式主义，实实在在为农民工多办一些关系他们切身利益的好事。

（原载《河南日报》2007 年 11 月 9 日）

# 警惕走向唯能力论的极端

2007 年 11 月，南开大学、中山大学和东南大学先后公布了 2008 年的自主招生计划，提出要降低招生门槛，进一步向"偏才"敞开大门。

高校在确保公开、公正、公平的前提下，为"偏才"开辟绿色通道是一个值得探索的做法；但在政策制定上恐怕需把握好尺度，不应误导广大学子往"偏才"这个方向发展，否则就违背了国家关于全面发展的教育方针和推行自主招生的初衷。这个担忧并非多余，当前社会上就存在一种将传统考试和分数妖魔化，轻视需要背诵就能掌握也才能掌握的基础性知识，甚至连一流高校的部分教育工作者都认为，只要创造性能力强，考不好试、不懂一些基础性的知识不要紧。有代表性的一个例子是，在复旦大学、上海交大 2006 年自主招生的面试中，诸多被认为"优秀"的考生竟将"山西的省会在哪里"当作"最难回答的问题"；出题者竟然也表示"题目并不重要"，重要的是学生的思维能力；甚至连众多家长也认为这类常识没必要掌握。

东南大学有个硕士生，在学 7 年，三获"挑战杯"大奖，但功课基本没考好过。笔者以为，这不是值得我们提倡的成才道路。专业能力的形成要建立在掌握一定知识的基础上，并且知识的增长和能力的增强可以起到互相促进的作用。该学生搞无线电发明的能力很强，自然精通与他的发明密切相关的核心专业知识。他考不好的功课，是与他的发明没有直接关系的知识，包括只有间接关系的专业知识、相关专业的知识。应当承认，如果一个人在某一领域有强烈的兴趣，只要熟练掌握该领域的核心专业知识和基本技能，一头钻进去，完全有可能搞出成果来。但随着探索的深入，探索领域的扩大，他就会发现间接专业知识、相关专业的知识甚至一般性

的常识都会逐步派上用场。因为学科与学科之间都是有联系的，只是有的联系多些，有的少些；有的明显，有的不明显而已。一个人的专业知识越系统，相关专业的知识和一般性常识越广博，他在本专业领域的见解就越深刻，思路就越宽广，专业创新能力就越强。反之，知识结构单一，只会在本专业的围墙内搞研究，从长远来看，很容易走入死胡同。

如果学校在支持该学生搞发明的同时，注意督促他学好相关功课，打好全面、扎实的知识基本功，他完全有可能做出更大的成绩。有的"天才作家"对生活有感悟，再加上有一定的文学基础，多门功课挂红灯也能写出几部叫座叫好的长篇小说来，但由于不重视相关知识和思想的积累，再往前走就会暴露出贫乏、浅薄和无知的一面，创作就难以取得突破。至于学习"山西的省会在哪里"这类与创新似乎关系很远的知识，就涉及人文素养问题。人应当知道人类文明中最重要的精神财富，知道有关自己国家的最基本的历史、地理、文学等文化常识，形成热爱祖国、尊重生命、遵纪守法、注重环保等一系列意识，也就是具备一定的人文素养，而不是只会搞发明、搞创作的"偏才"。

"偏才"考不好却能在某一方面有突出表现，于是不少人包括一些媒体想当然地认为是考试有问题，而不是"偏才"自身存在不足。考试的内容无非有两类：基础性知识和利用知识解决实际问题的迁移性能力，包括写作能力、分析能力、综合归纳能力等。"偏才"没有考好，一个重要原因是他们把大量的时间、精力花在搞发明、搞创作上，其他方面的学习不用功。其实，大量的基础知识需要背诵，人文社科类的尤其需要这种扎实的积累。比如搞古代文学研究的，一定要背一批优美的古典诗词文章，否则分析艺术作品时，就很难真正进入诗文中的意境。"偏才"不肯在这方面下功夫，相关内容焉能考好？

基础知识扎实却不会创新（"高分低能"），或某方面创新能力很强但存在严重的知识结构缺陷（"高能低分"），都不是合格的人才。笔者主张，广大学子要一面打好全面、扎实的知识基本功，一面适当、适时集中力量，往自己有兴趣、有潜力的方向发展创新能力。既有基本功底又有特长，这才符合现代社会的需求。

当前社会上有一种急功近利的浮躁心态：部分家长不愿孩子踏踏实

实、全面系统地学习学科基础知识，而希望其走"偏才"的道路，通过在某一领域的突击一举成名。有的学生写出一本小说，家长就鼓励其专心搞创作，个别极端的甚至让其退学。这种"杀鸡取卵"的模式绝不值得提倡。

（原载《福建日报》2008 年 2 月 10 日 ）

# 让经常上网成为领导的职业习惯

温家宝总理于 2008 年 3 月 18 日出席第十一届全国人民代表大会第一次会议记者招待会时说："两会期间我一直在上网，广大网民向我提问题、提建议，甚至为我分忧，多达数百万条。参与的恐怕有上亿人……群众用这么大的精力来上网写问题、提建议，是要政府解决问题的。"

众所周知，与报刊广电等传统媒体相比，互联网具有高度开放性、方便的互动性和发布信息者的隐蔽性，在网上传播的海量信息虽然有的客观性不够，情绪化较强，但可以淋漓尽致地展现民众最真实和最多样化的喜怒哀乐、社会最深处最广泛的万千世象。可以说，互联网是各种社会思潮的舞台，是各种利益诉求的集散地，是各种意识形态激烈较量的战场。它搭建了一个集中展示民意民智民力民情的平台，大大拓宽了民众的表达渠道，深刻改变了政治生态环境，为社会主义民主政治的发展提供了崭新的方式。

中国互联网络信息中心于 2008 年 1 月 17 日发布的《中国互联网络发展状况统计报告（2008 年 1 月）》显示，截至 2007 年 12 月，网民数已增至 2.1 亿人。2007 年一年中国网民增加了 7 300 万人，年增长率达到 53.3%，平均每分钟增加网民近 140 人。正是在这种庞大的人数基础上，近年来，网络舆论对公共性事件的影响越来越大，有时甚至能左右事态的发展，对政府部门也形成越来越大的压力。"黑砖窑"事件、陕西"华南虎"事件、辽宁"西丰抓记者"事件等无不显现了互联网的巨大能量。从这个意义上说，各级领导干部要想了解社会实情，解决社会问题，维护社会和谐，绝不能离开互联网。

如果领导干部不了解真实的民情，就可能在重大事项和人事安排上做出错误决策，损害人民群众的利益；或者由于不重视互联网的民意表达，没有对一些谣言作出及时回应，就可能产生严重后果。比如，在总结"黑砖窑"事件时，时任山西省省长说："其中一个重要原因和教训就在于，没有敏锐把握网络、媒体的舆论动向，没有及时作出正确的回应。有一次，我起码打了十几个省厅和地市官员的电话，问他们'有没有看网上？'他们都说没有。"

国家主席胡锦涛 2007 年 3 月 20 日在接受俄罗斯几家媒体联合采访时表示："当前，互联网日益成为民众获取信息的重要途径。我也经常通过互联网了解国内外时事和民众对我们工作的意见和建议。"胡锦涛主席带了个好头。因此，从中央到地方各级党政机关的领导干部，都应当经常上网了解舆情。经常上网应为信息时代领导的职业习惯，重视网络民意、搞好网络建设、善于利用网络应成为现代领导的职业素养。

（原载《红旗文稿》2008 年第 6 期）

# 多些"见缝插绿"，少些"见缝插楼"

中国生态道德教育促进会、北京大学生态文明研究中心于 2008 年 3 月撰写了一份《中国城市居民生态需求调查报告》。结果显示，市民对城市生态环境质量的总体满意度还处于较低水平，其中各类生态休闲场所不多、难以满足居民需求的问题最为突出。

改革开放 30 年，人们最切身的感受之一是：物质生活水平明显提高了，闲暇时间日益增多了——如今实行五天工作制，有了"小长假"和"黄金周"，清明、端午、中秋等传统节日成为国家法定假日。可以想象，当人们衣食无忧后，随着休闲时间的不断增加，休闲生活的质量和水平将成为衡量人们总体生活质量和水平的重要标准之一。特别是对城市居民来说，现代生活节奏快，竞争激烈，生存压力很大，满眼看到的是钢铁汽车、钢筋大楼，满耳听到的是喧嚣的车声、人声，人们越来越向往原生态的、亲近大自然的休闲方式，渴望在城市里也能处处闻到花香、听到鸟语。

然而，有些地方的城市规划缺乏长远眼光和人文关怀，忽视了居民日常方便享用的街边小花园、社区小绿地的建设。有些楼房开发时没有严格控制楼距，开发商随意扩大容积率。主城区"见缝插楼"，盖得密密麻麻；大公园多数修在远郊，到达不易。每到节假日，有限的几个公园总是人满为患。

长期缺乏一个良好、便利的生态休闲环境，对市民精神、对社会秩序的负面影响是无形的和难以估量的。德国宝马汽车公司和弗劳恩霍夫研究所共同进行的研究表明，适度的办公室绿化能把职员病假缺勤率从 15% 降低到 5%；对职员进行的问卷调查也表明，他们认为在"绿色办公室"里紧张感降低，创造力和活力却得到了提高。说不定路边哪一棵树、几盆花，能防止一次交通事故，消除一个犯罪念头，或者激发一个善良的动机，促成一件好事的圆满。钱花得不多，但社会效益无限。

党的十七大报告将"建设生态文明"作为实现全面建设小康社会的新要求之一。所谓"生态文明"，不但指天蓝水清，还应当指市民有足够的生态休闲空间，否则钱包再满也称不上小康。现在不少城市提出建设宜居城市的口号。笔者以为，所谓"宜居"，至少应当满足一条标准：住在主城区任何一处的居民，至多步行10分钟就能到达一片有座椅、有大树和小鸟的公共休闲绿地，能不出小区最理想。

（原载《广州日报》2008年8月6日）

# 高考改革的前提是确保公正

近年来，关于高考制度改革的呼声和争议不绝于耳。高考属选拔性考试，主要任务是在僧多粥少的情况下，从广大考生中选拔出最有培养潜质的部分人到高校深造。这样，高考不论如何改革，方向只有两个：第一，进一步完善公正选拔的机制，最大限度地确保每位考生都能得到一视同仁的对待；第二，进一步提高科学选拔的质量，最大限度地争取把适合接受高等教育的考生甄选出来。

在这里，"公正选人"是第一位的，是"科学选人"的前提，是现行高考制度赖以存在的基础。

人人都有平等地通过合法途径努力改变自己命运的权利，这契合人人平等的现代社会基本价值取向和宪法精神。从我国的国情来看，在目前和未来很长一段时间，接受高等教育依然是青年人特别是平民子弟改变命运的一个重要途径；同时，我国的高等教育虽已进入大众化的阶段，但到2008年，毛入学率仍仅为23.3%。因此，高考的首要目标是确保每位考生都能站在同一条起跑线上。只要任何人特别是弱势者能平等地通过自己的踏实努力找到出路，有序地实现阶层间的流动，人们就会认可和遵守这个游戏规则，并树立起共同的"机会面前人人平等""奋斗可以改变命运"的信念和价值观，社会就能在矛盾中维持张力和稳定。

从历史上看，中国的封建制度能延续那么长时间，科举制度起到了很大的作用。封建统治者对科考作弊的处罚极为严酷，其目的就是确保这一社会稳定器的功效。高考与科举有本质的区别，但科举坚决维护社会上升通道通畅的精神和做法值得借鉴。

与其他各类考试、竞聘竞岗等相比，作为涉及人数尤其是平民子弟的人数最多，受外在因素的干扰最少，社会影响最大的考试，现行高考制度作为社会稳定器的功能最为突出，确保其公正性的政治意义尤其重大。所以，对高考制度的任何改革，都不能减损其公正度，这是原则和底线。

当然，在确保公正选人的基础上，我们还要努力增强选人的科学性，争取在名额有限的情况下，把相对最适合接受高等教育的那群考生准确地挑选出来，这是对高考改革更高层面的要求。

近年来，各地往增强科学选人这一方向作了不少改革，比如实行各种加分制；尝试单独招生，另加综合评价或学业水平测试并将其成绩作为录取的重要参考或高考总成绩的一部分等。然而，这类改革一开始试用就引起了社会的担忧：它们能不能确保公正？现在有些地方取消了对省级"三好学生"、优秀学生干部等项目的高考加分，原因就在于难以避免制度外因素的干扰。

笔者认为，如果无法保障公正，那么相关的改革宁可缓行，等条件成熟了再说，以免违背改革的初衷，激化社会矛盾。我们可以先从有办法确保公正的地方改起，以维护全社会的共同利益和根本利益，维护社会稳定。

在现阶段，既要增强选人的科学性，又不冒损害公正的风险，不妨重点考虑在改革考试内容上下功夫，使之能不断跟上时代的步伐，体现素质教育和现代社会对人的要求。而在促进公正选人这一方向，我们也还有很多工作要做，在监考、改卷、登分、录取的各个环节，都有值得进一步改进的地方。

（原载《福建日报》2009 年 8 月 2 日）

# 批评教育是教师的权利也是义务

教育部于 2009 年 8 月 12 日印发了《中小学班主任工作规定》（以下简称《规定》）。《规定》明确指出："班主任在日常教育教学管理中，有采取适当方式对学生进行批评教育的权利。"

根据《中华人民共和国教育法》《中华人民共和国教师法》有关规定的精神，从教育者和被教育者之间的法律关系来说，教师是代表学校对学生履行具体的教育教学职责的专业人员。作为教育手段的一种，批评学生不但是教师有效履行职责所必须拥有的一项基本权利，也是应当行使的一项基本义务。

与家庭教育需要恩威并施的道理一样，教师对学生适当的批评具有重要的教育意义。它可以有效地培养孩子正确的是非观念、责任感和组织纪律性，提高其抗挫折能力和客观认识自我的能力，与着眼于树立孩子自信心、为孩子成长创造宽松环境的赏识教育互相配合、互相弥补，共同构成一个科学、完整的教育体系，二者均不可或缺。对孩子一味表扬、放任自流不利于其形成良好的价值观和言行规范。可以说，没有批评的教育是不完整的教育，不批评学生的教师是不称职的教师。正如苏联教育家马卡连柯所指出的："适当的惩罚，不仅是一个教育者的权利，也是一个教育者的义务。"

然而，教师的这项基本权利和常规性教育方法竟需要教育部在相关规章中专门加以强调，这不能不引起我们的深思。

当前对未成年人的教育和保护工作似乎陷入一个误区：过多地强调对之人性、宽容、尊重和赏识的一面，忽视对之进行严格教育、批评教育、惩戒教育的另一面。这个大环境对教师行使批评教育产生了无形的压力。

此外，如今的中小学生多为独生子女，不少家长对孩子过于溺爱，导致一些孩子以自我为中心、心理脆弱、行事冲动。教师对学生稍说重话，就可能导致对方做出出格甚至极端的反应，出现这种情况后，部分家长往往一味指责教师，甚至通过种种手段施压，而学校和教育主管部门又常常不能有力支持教师。在这种情况下，不少教师为避免麻烦，不敢管、不愿管学生，当"好好先生"，其结果最终受损失的是全社会和国家的未来。

此次《规定》明确授予教师一柄"尚方宝剑"，说明国家最高教育行政部门已清楚意识到了问题的严重性，力图扭转这一局面。他山之石，可以借鉴。为了强化对未成年人的管教，英国《教育与督学法（2006）》授予教师较大的惩戒权：每位校长都必须为学校制定有关惩戒的政策，并公之于众。教师获得在学校使用身体武力阻止学生打架的权力，以及不经家长许可对学生实施放学后或周末留校的处罚，也可以对学生用于不良用途的手机实施收缴。

未成年人生理和心理尚未发育成熟，对社会的认识简单片面，自控能力较差，易受外界不良因素影响，且可塑性较强，处于形成价值观和人生观的关键时期。一旦这个阶段养成不良的习惯和作风，成年后就很难改正，从而影响其一生的道路。因此，不论是家庭、学校还是社会，对未成年人的教育自始至终都要坚持严格的原则（当然不能采取简单粗暴的方式），使之形成良好的言行规范，知道什么该做、什么不该做。严格教育与人性化并不是截然对立的，恰恰相反，只有建立在严格教育基础上的人性化才是真正的以人为本，否则就是害了孩子一辈子。可以说，只有对未成年人实施严格管教，才能有效保护其生存权、发展权、受保护权等合法权益。

（写于 2009 年 8 月）

# 全体共享，全面共享，充分共享

温家宝总理在 2010 年《政府工作报告》指出："着眼维护公平正义，让全体人民共享改革发展成果，促进社会和谐稳定。"这个全党全国人民形成的共识已深入人心。

具体地说，"共享"应包含三个方面的含义：其对象应是全体人民，而不是少数人；其内容应是包括经济、政治、文化和社会发展诸方面成果的全面的共享，而不是只对经济发展成果的共享；其程度应是现有条件下公正合理的、充分的共享，而不是象征性地分一杯羹式的共享。只有这样，才能让全体人民特别是底层群众生活得更加幸福、更有尊严。

首先，让全体人民全面、充分地共享发展成果，是中国特色社会主义的本质要求。在社会主义中国，人民当家作主，享有宪法和法律赋予的广泛的经济、政治、文化和社会权益。只有人民全面并充分地共享发展成果，才能使字面上规定的种种权益在现实生活中不断实现好、维护好、发展好，才能不断促进和实现社会公正。

其次，让全体人民全面、充分地共享发展成果是落实科学发展观、建设社会主义和谐社会的必然要求。建设社会主义和谐社会，必须以保障最广大人民的根本利益为价值取向，以实现人的全面而自由的发展为最终目的。只有不断增长的经济、政治、文化和社会发展成果得到全面、公正和充分的分配，才能满足全体人民不断增长的多方面的物质文化需求，为促进社会的全面进步，实现人的全面而自由的发展提供坚实的物质基础、可靠的制度保障、强大的精神动力和良好的社会环境。

我国社会各阶层在经济收入、政治权益、文化权益和社会权益等方面均有一定的差距。比如，与城市居民相比，农民享有的图书馆、文化馆等文化基础设施水平有待提高等。这些差距有的是因所作社会贡献不同等原因导致的合理的差距，有的则是因分配不公等原因造成的不合理的差距。后者正是我们当前要着力克服的实现共享的主要障碍。

加快发展需要深化改革；让全体人民全面、充分共享发展的成果，也要通过加大改革力度、加快改革步伐、拓宽改革领域来进行。从一定意义上说，改革就是对不合理的利益格局的调整，就是让越来越多的人越全面、越充分地共享发展成果。正如温家宝总理在《政府工作报告》中所指出的："我们的改革是全面的改革，包括经济体制改革、政治体制改革以及其他各领域的改革。没有政治体制改革，经济体制改革和现代化建设就不可能成功。"

（原载《吉林日报》2010 年 4 月 17 日）

# 不是"希望"，是"要求"

温家宝总理于2010年4月3日到贵州兴仁上坝田村考察，大学生村干部崔烈菊对总理说，最大的问题是缺乏水利设施，有水存不住，希望总理帮助解决。总理听后笑着说："不是希望，你应该换个词，是'要求'！"

从表层上看，"希望总理帮助解决"和"要求总理帮助解决"大意差不多，但细究起来，其内涵有实质性的不同：前者是下级对上级的口吻，带着一点恳求的味道，有可做可不做的意思；后者是用对等甚至上级对下级的口气，含有一点"你必须如此"的意味。在总理看来，自己虽为国家领导人，但也是人民群众的公仆，也是由人民赋权并对人民负责，全心全意为人民服务正是自己和自己所代表的政府分内的职责；而群众作为国家的主人，当然有权理直气壮地"要求"自己和自己所代表的政府为其分忧解难，而且要求做好。

总理的话提醒我们：只有不断完善人民代表大会制等制度建设，不断强化人民的主人翁意识，让其清楚地认识到自己的地位，才能更好地监督政府为人民服务。

总理的话还给了各级党政官员一个启示：不要把自己当作人民的父母官，恰恰相反，要切实履行好人民公仆的职责。温家宝总理在2010年的《政府工作报告》中指出，政府所做的一切都是要让人民生活得更加幸福、更有尊严，让社会更加公正、更加和谐。要努力建设人民满意的服务型政府，为人民群众提供良好的公共服务，维护社会公平正义。当前，各级政府加快转变职能、推进服务型政府建设，首先要树立良好服务意识，以实事求是的态度对待群众每一个合理的要求，兢兢业业为群众谋福利，实现好、维护好、发展好群众的切身利益、根本利益。

（原载《中国纪检监察报》2010年5月12日）

# 精神财富的分配也要公正

2010年4月3日，江西南昌市出台《关于以市政府名义进行行政奖励表彰工作的实施细则》，对评比表彰进行规范。其中明确，副县（处）级以上单位及副县（处）级以上领导干部原则上不参评。

笔者以为，社会财富不但包括物质财富，也包括精神财富。相应地，不仅物质财富的分配应当公正，精神财富的分配也应当公正。比如，一些地方、单位向上报送各种优秀、先进、模范等荣誉称号时，群众所占比例偏小；城乡之间能获取信息的数量、质量差距即"知识沟"扩大；东西部之间能享有的文化娱乐在设施、活动、服务等方面差异较大，等等。人作为有思想、有感情的高等动物，精神生活的质量如何，对其整体生活质量将产生极大的影响。特别是，当物质生活达到一定层次后，精神生活状态对其幸福感的影响更大。因此，一个社会的精神财富分配不公正，其后果同样严重：比如，群众长期辛勤工作并取得丰硕成果，却得不到应得的荣誉，将挫伤他们劳动的积极性和创造性；获取各种有益信息的途径狭窄，不利于基层民众通过努力奋斗向高一级阶层流动；文化生活匮乏将较大影响群众的生活质量和精神状态；等等。

此次南昌市明确提出行政奖励表彰要面向基层，面向一线，中层领导干部原则上不参加，为平衡当前社会精神财富的分配提供了一条有益的思路。建议各地面向群众，面向弱势者，面向农村和西部，积极调整利益分配格局，使精神财富的分配和物质财富的分配一样，总体上实现公正，使全体人民，特别是弱势群体，平等、充分地共享改革发展的成果。

（原载《大众日报》2010年5月18日）

# 别再让"茉莉花" 一花独放

近年来,《茉莉花》在重要舞台频频绽放,成为中国在涉外场合中演出最多、对外发行量最大的曲子,几乎成了外国民众心目中中国传统音乐的代名词。许多重要场合上,如 1997 年香港回归交接仪式、江泽民主席访美时的白宫欢迎音乐会,1998 年克林顿总统访华时的人民大会堂文艺晚会,1999 年澳门回归交接仪式,2004 年雅典奥运会闭幕式,2005 中国文化节在美国的开幕式,2008 年北京奥运会开幕式,2010 年上海世界博览会闭幕式等大多演奏此曲。

《茉莉花》无疑是一首优秀的中国民歌,它的五声音阶和均衡的回环往复的结构在中国民歌艺术形式上颇具代表性。不过,它在重要场合的出场率在中国民歌中长期独占鳌头,不由得让人担心:长此以往,大家会不会都误以为《茉莉花》是中国传统音乐的最好代表,甚至误以为中国只有这朵"茉莉花"好听?如果造成这样的误解,恐怕就不太妙了。我国历史悠久、地域辽阔,56 个民族共同创造了博大精深、异彩纷呈的中华传统文化。音乐艺术,也是千姿百态,各具地方和民族的文化特色、精神气质,它们中的优秀作品只有艺术风格的不同,难有水平高下之分。除了《茉莉花》,被联合国教育、科学及文化组织编入亚太地区音乐教材的中国民歌还有四川的《康定情歌》、山东的《沂蒙山小调》等,创作歌曲有体现蒙古族风情的《美丽的草原我的家》、彝族风情的《赶圩归来啊哩哩》、浙东风情的《采茶舞曲》……它们有的自由舒展,有的高亢嘹亮,有的欢快活泼,可谓百花争艳;就算没有入选亚太地区音乐教材的《草原之夜》《小河淌水》《在那遥远的地方》等,也都是脍炙人口的经典曲目。

作为中国传统音乐的"发烧友",笔者认为,《茉莉花》只是江苏的一支民间小调，从艺术风格来看，它只是代表了中国音乐艺术中一种委婉流畅、细腻优美的风格。这就好比《红楼梦》只能代表中国古典小说的最高成就，却不能作为中国古典文学的最主要代表，因为我们还有那同样光辉灿烂的唐诗、宋词、元曲……

当今，在国内传统文化与当代文化的碰撞中，在中西文化交流的格局中，我们应当讲究对内弘扬和对外传播中华优秀传统文化的策略和技巧，要有重点，以点带面，步步推进，力求让世人准确、完整地了解中华传统文化的精神和精髓。

一花独放不是春，百花齐放春满园。只有让百花齐放，中华传统文化才会香满世界。

（原载《文学报》2010 年 6 月 10 日）

# 学术量化考核不宜一棍子打死

杭州师范大学最近出台了《人文社会科学振兴计划指导意见》，构建了"不唯数字论"的人文社会科学评价新体系。按这个意见，10年不发一篇论文，教授头衔也可保留；"奇才偏才"可以不受学校常规考核；等等。

近年来，学术不端的问题不时成为舆论关注的焦点，有论者把矛头指向现行的科研成果量化考核制度，认为正是它"逼良为娼"。正是在这种背景下，杭州师范大学这个意见引来一片叫好声。笔者以为，现行量化考核制度确有一定的弊端，但该制度本身自有其合理性，如果全盘否定，恐怕也是不妥的。

量化考核并非全无益处。一方面，一定数量的科研成果可以客观反映一名教研人员在一定时间内的工作状态。另外，只要认真搞科研，有了数量，学术眼界宽了，积累的资料多了，科研的技巧高了，量变引起质变，对促进科研质量的提高也有帮助。另一方面，假如取消量化考核，不易维护高校正常的教学和科研制度、工作纪律和工作秩序，在职称晋级、申请各级各类科研基金、评优评先等方面也失去了一个能进行衡量、比较的重要依据。

笔者在大学先后学过历史和文学两个专业，对人文社会科学研究领域的情况略知一二。《新华每日电讯》报道称，人文学科具有"板凳要坐十年冷，终身写就一本书"的学术特征，这种说法不无道理。的确，文史哲这类人文社会科学讲究厚积薄发，要想做出有创见的成果，需要研究者作较长时间的研读、思考、积累，但"厚积薄发"也只是相对而言的，不宜绝对化。如果研究者长期专攻一门学科，有了一些功力，积累了不少材料，每年发表一两篇有见地的论文，5年左右写出一本有创见的专著，都是正常的。就算要花 10 年写一本书，在这期间也可以先将部分成果拿到刊物上发表。再看看中国近百年来学界公认的人文社科领域的大师，多数都是著作等身，比如梁启超、章太炎、钱穆等。

因此，"量化"这个制度本身并没有问题，关键在于量化评价指标的设置要科学、合理，对量的要求要适度，要鼓励、要引导教研人员更多地追求成果的质量，也就是要建立以数量为基础、以质量为核心的科研成果评价体系。不宜完全抛弃数量，片面追求质量，因为学术质量是个无底洞，学术创新永无止境；如果为了追求完美，人人都要打磨 3 年才发表一篇论文，几十年才出一本专著，这也不利于学术在互相竞争、借鉴中较快发展。没有质量的效率和没有效率的质量，同样都不可取。

（原载《中华读书报》2010 年 8 月 11 日）

# 听证会是民生的催化剂

浙江湖州 2011 年 1 月 4 日召开听证会，35 名民意代表从 14 个备选项目中，投票选出 10 个当年要优先办理的民生实事；而所有备选项目，也是该市此前通过发动市民来信、来电这一民主方式确定的。市委书记在会上还表示，关于这些项目，政府办得如何，还要请群众监督和评判。

民生项目事关群众的切身利益，而群众最了解自己最关心、最直接、最现实的利益是什么，也有最大的热忱和雪亮的眼睛来监督项目的进展和完成情况。政府把优先办理民生事项的决定权、监督权交给群众，是还权于民，与自定项目、自我验收的通常做法相比，无疑将取得让群众更加满意的效果。这种以民主来促进民生的思路，是破解一些地方民生困局的突破口。

试想：如果地方能完善选人用人机制，使那些一心为民的好干部能源源不断地走上各个岗位；如果地方推进服务型政府建设，科学、民主、依法决策，制定重视民生的政绩考核体系，及时充足地向民生领域拨款，公正合理地向各阶层、各地区配置公共资源；如果人大代表关于改善民生的建议或议案能及时得到实质性回应，群众合理的诉求能畅通表达并得以充分实现……要之，民主和法治建设会更上一层楼，群众的物质文化生活水平也能随之明显改善，二者是成正比的关系。

因此，进一步保障和改善民生不单是经济和社会领域的问题，还需要着力于从进一步推进政治体制改革入手，包括改革行政管理体制，巩固完善人民代表大会制度、中国共产党领导的多党合作和政治协商制度等。要坚持十七届五中全会所指出的，要坚持中国特色社会主义政治发展道路，坚持党的领导、人民当家作主、依法治国有机统一，积极稳妥推进政治体制改革，不断推进社会主义政治制度自我完善和发展。

（原载《解放日报》2011 年 1 月 17 日）

# "谣盐" 给我们补了一堂科普课

日本"3·11"大地震导致福岛核电站核泄漏后，我国部分地区出现了公众抢购碘盐的风波。虽然目前该风波已平息，但由此暴露出的种种问题仍值得我们深入反思，比如当前科普工作的实效。

出现这次抢购风波，单从公众基本科学素养这个角度来看，主要是因为相关核知识和碘盐知识的缺乏。比如，部分群众不了解通过食用碘盐无法预防放射性碘的摄入，不当食用碘盐反而会导致不良副作用；我国盐产量巨大，且80%以上是矿盐；等等。如果群众普遍了解核防护和碘盐的常识，谣言就不攻自破了。

抢购碘盐风波再次提醒我们：科普工作对提高国民素质、提高生活质量、维护社会和谐稳定、增强国家综合国力，都具有重大意义。我国是世界上第一个制定科学技术普及法的国家，对科普事业不可谓不重视。而且，中国疾病预防控制中心于2010年就已经发布了《核事故防护知识要点》，对包括服用碘片在内的核污染防护常识作了详细解释，但从这次抢盐风波来看，有关知识在公众中的有效普及还不够。

专家指出，目前我国的科普工作存在几个问题：一是当前科普模式以政府为主导，科技部门自己唱"独角戏"，缺乏相应的机制引导更多社会力量尤其是企业的参与。这就容易造成科普评价体系不科学、不完善，科普的真正对象学到什么是难以评估的。二是科普内容还缺乏针对性，比如，没有充分考虑不同年龄段对科普的不同需求，不能满足人们的多元化"口味"。三是科普形式比较单一，缺乏吸引力，很多地方还停留在墙面和宣传单上，运用现代高科技手段、多媒体形式还不多。

我国"十二五"规划提出，要"深入实施全民科学素质行动计划，加强科普基础设施建设，强化面向公众的科学普及"。针对这次抢盐风波，中国科普研究所所长指出，"要从公众的需求出发，满足公众的科学欲望，探索更加行之有效的科普方式"。

在这次强震面前，日本民众仍能保持相对的理性和克制，其中一个重要原因就是科普的工作做得比较到位。从这个意义上说，"谣盐"给我们所有人补了一堂科普课。

（原载《经济参考报》2011 年 3 月 24 日）

# 党政同责抓住了"牛鼻子"

2011年3月，湖北武汉市出台《关于加强国土资源和城乡规划工作的若干意见》，明确规定武汉市各级党委、政府是本行政区域内国土资源保护和城乡规划实施的共同责任主体，实行党政同责。

在有些地方，出现违法违规批地、为GDP上高污染高能耗项目等问题，常常只处理地方行政负责人，对地方党委负责人则不作追究，最多也只是轻打几下板子。这正是一些地方在这类问题上"屡教不改"的重要原因。各地党委负责人是地方上的"一把手"，掌握着一地政治、经济和文化资源的调配权，政府负责人只是"二把手"。地方上的大政方针，包括重大经济和社会建设项目、重要人事安排等，必须经过地方党委常委会研究通过，政府才能执行。所以，出了问题，只查处政府负责人，起不到足够的震慑和警醒作用。同时，决策者不承担违法违规的责任，却让执行者去承担，也不公平。

就拿国土资源保护来说，近年来我国耕地总量不断下降，9年间减少了1.2亿亩。实践证明，要守住这条红线，仅仅要求地方政府承担责任是不够的，还应把责任落实到地方党委。如果地方党委特别是主要负责人能与中央保持高度一致，积极督促政府遵守国家土地法律法规和政策，守住18亿亩耕地的红线就有望得到保障。

"权责一致"是现代法治社会的一个基本原则，权力越大责任也应当越大。实行党政同责，说明我党有勇气面对自身出现的问题，也有能力解决这个问题。

（原载《人民法院报》2011年3月25日）

# 给生命应有的尊重

温家宝总理于 2011 年 7 月 28 日在温州看望了 "7·23" 甬温线特别重大铁路交通事故部分遇难者亲属。他说："我刚才听到为理赔款而争执感到非常难受，因为人的生命是多少钱都买不来的。理赔是对生者的一种安慰。其实，我知道，亲属要的是公道。同时，不是给完钱就算完事，大家回到家乡，如果家里还有困难，社会还要给予关注……"

这场特别重大铁路交通事故造成 40 人死亡、172 人受伤。总理提到"为理赔款而争执"，说的是当时天津一名遇难者家属表示："第一次跟我们谈，17 万元。我们人都没了，我们要命，我们不要钱。然后又跟我们谈，说 50 万元。"

7 月 26 日，有关部门依据国务院《铁路交通事故应急救援和调查处理条例》和《铁路旅客意外伤害强制保险条例》的规定，与部分遇难人员家属达成了赔偿 50 万元的意向协议。29 日，有关部门决定，根据《最高人民法院关于审理铁路运输人身损害赔偿纠纷案件适用法律若干问题的解释》中规定的，赔偿权利人有权选择按侵权责任法要求赔偿的精神，本着以人为本、就高不就低的原则，以《中华人民共和国侵权责任法》为确定赔偿标准的主要依据，确定赔偿救助金额为 91.5 万元，主要包括死亡赔偿金、丧葬费及精神抚慰费和一次性救助金（含被抚养人生活费等）。我们看到，从 17 万元到 91.5 万元，在对遇难者的赔偿问题上，有关部门最终做出了令人欣慰的决定。

正如总理所言，生命是多少钱都买不来的。在有法律依据的情况下，赔偿标准是就高还是就低，颇能体现有关部门对事故的认识态度，对生命的尊重程度。对有关部门来说，因为自身的严重失误给人民群众的生命和

健康造成如此惨重的损失，那么，无论在救援、善后还是事故调查问题上，都应将心比心，把受害者的利益放在第一位，拿出真诚而负责任的态度，表现出应有的认错、改错的诚意，以尽量减少损失，让逝者安息，让生者得到应有的尊严、足够的慰藉，让人们从内心深处愿意予以谅解。这就是总理说的"公道"。也只有认识到位了，态度端正了，有关部门才能深刻吸取教训，采取切实有力的措施进行整改，让人们重新恢复对高铁发展的信心。

生命至上，生命无价，生命的丧失无可挽回。如何对待遇难者，体现着一个国家和社会文明的程度、理性的高度。一个能善待死者的国家和社会，必能善待生者。以人为本不是一句空话，必须体现在对一个个具体的生命的尊重，不论这个生命是否逝去。我们为汶川地震等重大灾害的遇难者下半旗志哀，表达的就是这种理念。

在救援阶段要求把救人放在第一位，在善后问题上要求给遇难者家属以公道，在事故调查处理上要求给人民群众一个真诚、负责任的交代，体现的都是党和国家对生命的深深敬畏，对公民合法权益的高度尊重，都是把人民放在心中最高位置的具体体现。

（原载《中国社会科学报》2011 年 8 月 18 日）

# 确保天蓝水清是政府的公共服务

在近日召开的全国环保工作会议上，环保部公布了我国监测 $PM_{2.5}$ 的时间表：2012 年将启动京津冀、珠三角、长三角和各省会城市的监测；2016 年 1 月 1 日前推广到全国所有地区。

$PM_{2.5}$ 是指环境空气中空气动力学直径小于或等于 2.5 微米、大于 0.1 微米的颗粒物，也称"细颗粒物"，含大量的有毒、有害物质，对大气环境质量和人体健康有重要影响。然而，我国长期以来未将 $PM_{2.5}$ 列入空气质量指标体系，以至于百姓的实际感受与环保部门公布的空气质量数据产生较大距离。与 20 世纪 60 年代相比，东南地区的能见度大幅度下降，意味着灰霾天气的严重程度在加剧，而 $PM_{2.5}$ 就是灰霾的元凶。

只有走生产发展、生活富裕、生态良好的科学发展道路，才符合群众的利益和愿望，符合国家走向全面协调可持续发展的要求。希望有一个空气质量良好的宜居、舒心环境，促进身心健康，促进工作、学习和生活质量的提高，这是一项基本的和重要的民生需求，百姓对其的关切程度并不亚于衣食住行。比如，气象专家的研究指出，灰霾可能取代吸烟，成为导致肺癌的最主要因素。此外，良好的生态环境不但是百姓的迫切需求，它本身也是重要的发展资源，是保障可持续发展的重要基础。

保护环境，个人和包括企业在内各单位各组织都有责任，特别是政府受人民委托，掌握着公共权力和公共资源，有最大的责任和最大的力量来增进人民福祉，推动环保事业发展。为群众提供水清天蓝地净的环境，涉及群众最基本的生存权和发展权，是各级政府义不容辞的责任。这正如中共中央政治局常委、国务院副总理李克强在环保工作会议上所指出的，基本的环境质量是一种公共产品，是政府必须确保的公共服务。就是说，政

府除了建设金山银山、保障百姓对衣食住行的基本需求外，还要负责提供绿水青山。这是我国政府首次将环保提升到这样的高度，既体现了执政为民的理念，又显现了当前环保形势的严峻。

环保部公布这一时间表，被舆论称为"民意赢得空气保卫战"的胜利。我国已进入工业化城镇化快速推进的时期，环境保护成为当前经济社会发展的一个薄弱环节和突出问题。各级政府需要树立"确保基本环境质量是公共服务"的意识，像重视群众的教育、医疗、住房等问题那样重视生态文明建设。具体地说，应努力转变发展方式，走主要依靠创新和提高劳动者素质来推动经济增长的可持续发展道路，积极发展节能环保产业，努力节能减排，不欠新账，多还旧账。只有这样，才能有效改善、逐步提高空气和水以及土壤的质量，从而不断提高百姓的健康水平和幸福指数，实现发展经济和保护环境的良性循环。

（原载《群众》2012 年第 2 期）

# 有些事，请媒体旗帜鲜明

随着民主法治观念的普及、权利主体意识的觉醒、社会包容度的提升，我国社会已进入一个多元化的时代，利益多元、价值观多元、生活方式多元、社会舆论多元……这是中国从传统社会向现代社会转型、从计划经济向市场经济转型过程中产生的必然现象。人们对一个新闻事件出现多种评判，有的观点甚至针锋相对，这也是很正常的现象。然而，社会多元化不等于任何一种思潮、道德观、行为方式都是进步的，不等于没有一种最能体现中华传统文化精华、最符合当前中国社会发展规律、最有利于社会良性运行和协调发展、最有利于群众根本利益的主流价值体系。一个民族、一个国家如果缺乏这种能让多数人认可并内化为坚定信念的共同精神支柱，就会失去凝聚力。

有道是"真理越辩越明"。就媒体而言，对一些比较复杂、很难简单地断定是非、值得讨论的社会现象，应当充分向社会提供不同角度的评论观点，供公众思考、借鉴，不宜搞"一言堂"；但是，对一些明显违背公序良俗，违背大多数人认可的主流价值观，违背中华民族传统美德的现象，媒体的立场就不能含糊，更不能和稀泥、搞平衡，否则就会扰乱公众的思想，让公众无所适从。

媒体处在意识形态领域的前沿，对引导公众思想、凝聚社会共识、培育社会风尚等能产生重大影响；特别是主流媒体，占据着思想文化高地，在一定程度上引领着一定区域内的精神文明建设。因此，媒体尤其是主流媒体应当承担起引领社会舆论、努力维护主流价值体系的责任，旗帜鲜明地表达自己的观点。

（原载《中国青年》2012 年第 5 期）

# 大幅提高贫困线是巨大进步

温家宝总理于 2012 年 3 月 5 日在《政府工作报告》中指出，中央决定将农民人均纯收入 2 300 元（2010 年不变价）作为国家新的扶贫标准，比 2009 年提高了 92%，把更多农村低收入人口纳入扶贫范围。

按 2009 年人均纯收入 1 196 元这一贫困线，我国贫困人口为 3 597 万人，占全国人口总数的 2.69%。中国人民大学反贫困问题研究中心（后更名为"中国人民大学中国扶贫研究院"）主任指出，按最新标准，我国贫困人口数量可能增至 1 亿以上。从表面上看，这似乎是扶贫工作的退步：扶了这么多年，怎么贫困人口反倒剧增？但实际上，正如《政府工作报告》所指出的，"这是社会的巨大进步"，体现了以人为本、求真务实的执政理念。

贫困分绝对贫困和相对贫困。前者指吃饭穿衣等基本生存问题还无法解决；后者指在衣食无忧的情况下，教育、文化、医疗等涉及进一步发展的权利保障不足。一般情况下，随着一个国家（地区）经济社会的发展，绝对贫困者的数量将逐渐减少，加入相对贫困者的队伍。同时，由于人的需求是分层次的，低层次的需求得到满足后就会追求更高层次的要求，所以相对贫困也是相对的和动态的。因此，随着经济社会的进一步发展，群众总体生活水平的进一步提高，政府及时、适度提升贫困标准，对保障发展成果尽可能惠及最广大的群众、不断增进全体人民的福祉，保障社会公平正义、和谐稳定，具有重要意义。

从国际社会来看，随着综合国力和公众需求层次的不断提高，持续提高贫困标准，将贫困人口维持在一定的规模，也是通行的做法。目前，大部分国家的贫困人口在总人口的 10% 以上，如德国、法国、英国、西班牙、葡萄牙在9%至18%之间，美国为12%，韩国为14%，越南为15%，巴西为16%，印度为20%。也就是说，单纯看一个国家（地区）贫困人口的数量是没有意义的，关键看采用什么标准。

1978年，我国以每人每天2 100大卡热量的最低营养需求为基准，制定了每人每年100元的绝对贫困标准，以后数次提高；一直到2008年制定的每人每年1 196元贫困标准，均是仅保障基本生存的绝对贫困标准，与国际社会通行的日均1美元的标准相距甚远。2011年我国GDP达47万亿元，居世界第二；人均GDP达35 181元，跻身中等收入国家行列。在这种情况下，如果仍固守以前的绝对贫困标准，一味追求贫困人口数量的减少，显然与当前的世界潮流不适应，与国情国力不适应，与人民日益增长的物质文化需求不适应，与社会主义追求共同富裕的本质要求不适应。也就是说，我国的扶贫开发工作已从以解决温饱为主要任务的阶段，转入巩固温饱成果、提高发展能力、缩小发展差距的新阶段。制定每人每年2 300元的新标准是一种积极减贫，既考虑到基本生存的问题，也部分兼顾了发展的需求，属于从绝对贫困线向相对贫困线的过渡，在发展中国家已属中上水平。

生存权和发展权都是首要的基本人权。扶贫开发不图表面好看，大幅度提升贫困标准，不但确保人民吃饱穿暖，还着眼于考虑其过更幸福更有尊严生活的基本需求，从而大幅度扩大能受益的低收入人群的规模，体现了党和政府把人民的利益放在第一位、努力保障和改善民生的公仆情怀，体现了敢于担当的勇气和信心。也只有进一步分好"蛋糕"，将公共财力和社会资源更多地向困难群体倾斜，不断推进基本公共服务的均等化和总体服务水平的提高，努力实现共同富裕，才能全面建成惠及更多人民的更高水平的小康社会。

（原载《湖南日报》2012年3月11日）

# 倡导 "人人都能成功" 的价值观

2012 年 7 月 1 日，浙江省长兴县环卫工人陈彩香因口渴，到一家银行大厅饮水机接水喝，但遭到保安拒绝和驱赶。该银行于 2012 年 7 月 6 日向陈彩香道歉，并对保安做了处罚。

环卫工人工作本就辛苦，大热天更甚。到银行接口水喝，本不该受到这样的对待，好在银行也较快改正了错误。近年来，环卫工人挨打、受辱的事件见诸媒体，很值得深入探讨一番。笔者以为，社会缺乏一种尊重他们的氛围，缺乏彰显他们价值和地位的制度安排，是导致此类事件发生的一个重要原因。

社会上有人会渲染财富和权力的拥有者、知识精英等才是成功人士，才值得羡慕、尊敬。事实上，精英毕竟只是少数，绝大多数社会成员都是普通劳动者。然而，三百六十行，行行有贡献，行行出状元。社会的正常运转、繁荣进步离不开各界精英，离不开教师、科技人员、医生、公务员，同样离不开包括环卫工在内的 "蓝领"。充分尊重 "蓝领"，才能调动他们的积极性和创造性，为全社会提供日益丰富的产品和持续优化的服务，不断提升公众的生活质量。香港大学校工袁苏妹，一生只会写 5 个字，也没有做出什么惊人的业绩，只是 44 年如一日全身心为学生服务。2009年，香港大学授予她 "荣誉院士" 的称号，赞扬她 "对高等教育界作出独特的贡献，以自己的生命影响大学堂仔的生命"。香港大学此举就是在弘扬 "什么是成功" 的新理念。

近年来，一些地方相继采取措施，提高环卫工等 "蓝领" 的政治待遇和经济待遇，引导公众充分认识他们辛勤劳动的价值和意义。比如，2007年 9 月，国家大剧院首演，邀请建筑工人代表免费欣赏；2011 年 11 月，四川宜宾市送一批优秀环卫工到新加坡考察；等等。但总的来说，类似举措仍不够有力，还没有形成固定的机制。

我们应努力在社会上倡导"人人都能成功"的功利观和价值观：只要对国家和社会有益，每个人都能凭自己的兴趣和潜质去从事任何工作。并且，只要其尽力而为，让他人受益，自己也从中获得快乐，就是成功。在这样良性的社会氛围里，人们能自愿追求、充分享受劳动和创造的乐趣，一位有个性的花艺师、一位尽职尽责的环卫工人、一位技术娴熟的超市收银员，其自身的成就感和所获得的社会尊重程度都不亚于那些传统的精英人士。

总之，只有让人们充分认识到"劳动，让生活更美好"的价值，认识到劳动本身只有社会分工不同、无高低贵贱之分，才能从内心深处充分尊重每一位普通基层劳动者。

（原载《中国建设报》2012 年 7 月 27 日）

# 监护人是保障孩子健康成长的第一责任人

2012 年 11 月 16 日，贵州毕节 5 名孩子不幸身亡于垃圾箱事件引起国人强烈关注。从目前的舆论看，媒体几乎一边倒地批评毕节市政府和民政、教育、公安等部门失职。

这 5 名孩子因躲在垃圾箱里烤火取暖而中毒身亡，这样的悲剧本可避免。笔者以为，作为法定的保障未成年人身心健康发展的第一责任人，孩子的监护人负有最大的责任。

《中华人民共和国民法通则》明确规定，监护人应当履行监护职责，保护被监护人的人身、财产及其他合法权益；监护人不履行监护职责或者侵害被监护人的合法权益的，应当承担责任。我国义务教育法和未成年人保护法也都明确规定，适龄儿童、少年的法定监护人应当依法保证其按时入学接受并完成义务教育。这 5 名孩子中有 4 人辍学，综合各媒体的报道来看，主要有两个原因：一是他们的监护人没有给他们上户口，二是 4 名孩子的父母均在深圳打工，平时极少过问年幼的孩子，基本让他们处于听天由命的状态，这是作为监护人的严重失职。甚至在 2011 年年底毕节市七星关区民政局第 6 次发现陶某等流浪儿，打电话要求其父接孩子时，对方却声称："我不要了，他们爱去哪里就去哪里。我们现在在外边打工也困难。"

对教育规律不甚了解的人，总有"教育万能"的思想，以为只要学校工作做到家，没有教育不好的孩子。事实上，教育是一个系统工程，对孩子的教育需要社会、学校和家庭的密切配合，形成同向的合力。且不说不良社会环境对孩子的污染，只要监护人不配合学校的工作，学校花再大的力气，相应的教育也不一定能奏效。过去实行六天工作制时，教育界有句俗话，叫作"6＋1＝0"，意思是说，如果家长不好好管教孩子，孩子在校六天接受的教育，抵不上在家一天受到的不良影响。另外，学校不是监护人，没有法定的强制手段，不能强行把辍学的孩子拉回校园，只能做监护人和孩子的思想工作。而会让孩子辍学的监护人，往往自身文化素质不高，不重视孩子的教育，认为不读书不要紧，出去打工也能混口饭吃。这样的落后观念往往是根深蒂固的，很难通过思想教育加以转变。

这5名孩子只有9岁到13岁，正处于世界观、人生观和价值观形成时期，可塑性很强。可以说，他们的监护人如果尽心尽责，积极和政府有关部门配合，是可以让他们回归校园的。现在舆论一味批评当地政府和有关部门，而严重不负责任的家长，俨然也成了无辜的受害者。这显然不利于全社会特别是监护人深刻反思这一悲剧，从而努力从中吸取教训，避免类似情况再度发生。

（原载《科技日报》2012年11月22日）

# 美丽中国　共建共享

　　党的十八大提出建设"美丽中国"的目标后，"美丽中国"成了一个热词。建设美丽中国，政府是主导，同时也离不开我们每个人的积极参与。建设天蓝、地绿、水净的美好家园，涉及每个人的切身利益和重大福祉，既是大家的共同心愿，也是每位公民义不容辞的责任。

　　生态环境是一个大系统，组成系统的各元素之间会产生各种联系；只要任一元素受到影响，就会产生连锁反应，对系统的局部甚至整体产生作用。我们每个人在生产和生活中的一举一动，多多少少会对生态环境的某种或某几种元素造成影响，13亿人的影响叠加起来，产生的正面或负面的影响力量就不容小觑。比如，一个人随手扔掉一节一号电池，就会污染60升水或10平方米土地，对土地的污染可持续20年。几千人甚至几万人各扔一节，会造成什么样的后果呢？再如，汽车尾气已成为城市空气的主要污染源。如果一个人每周少开一天车，对整个城市节能减排的影响可能微不足道，但几千人几万人加入这个队伍，其合力就相当可观。2008年北京奥运会前后两个月，北京实行机动车单双号限行，大约共减少200万辆机动车出行，据测算，仅此一项，奥运会期间，北京就减少污染物近12万吨，市区空气质量也创下10年来最好水平。可以说，在这个问题上，谨守"勿以恶小而为之，勿以善小而不为"的古训十分重要。

　　早在几千年前，先人就直观地认识到保护生态资源的重要性。周初，周公提到"禹之禁"时说："春三月，山林不登斧斤，以成草木之长。夏三月，川泽不入网罟，以成鱼鳖之长。"今天，我们对生态文明的认识，已提高到关系中华民族可持续发展的高度，我们每个人更应当自觉树立起人与自然和谐发展的生态文明理念，积极和政府良性互动，形成绿色低碳、健康文明的生活方式和消费方式。每个人都不妨从一点一滴做起：教育孩子从小养成节约资源、爱护环境的好习惯；节约每一滴水、每一粒粮食、每一度电；减少垃圾的产生、做好垃圾分类；爱护大自然的一草一木，不吃、不抓捕野生动物；尽量不用一次性筷子……为建设资源节约型、环境友好型社会，贡献自己的一份力量。长期坚持下去，千千万万份力量汇聚起来，我们的祖国，必将一天比一天更加美丽。

美丽中国，你我共建，你我共享。

（原载《陕西日报》2012 年 11 月 23 日）

# 政府须当好公共利益的守夜人

2012 年 12 月 1 日，浙江一"最牛钉子户"房屋被拆除。此前一天，户主罗某与当地政府签订拆迁协议，政府补偿标准不变。

这个事件最近曝光后，引起舆论很大关注。罗家和当地政府一度呈胶着状态，后者表态：不会提高补偿标准，也不会强制征迁，一定等到罗家自愿搬走。这种温情执法得到了有关专家和媒体一致的赞赏，他们认为政府在双方达成协议前不强拆，体现了政府对私人财产的尊重，体现了社会的进步和法治的精神。然而，引起笔者忧虑的，恰恰在这一点。

根据当地的补偿政策，罗家在获得补偿款 26 万元后，可以选择以下两种安置方案中的一种：一是拿 3 套公寓式住房，每套 140 平方米，市价 250 万元左右；二是安排通天式排屋地基 2 间。罗家表示住惯了有天有地的房子，没法接受公寓式住房，于是选择了第二种方案；但他们又认为：60 多万元建造和装修的房子，政府只补 26 万元，不合理，一度坚持不搬。事实上，罗家原有住房土地性质为集体所有，新分配的 2 间地基土地性质为国有划拨，按市价来算，资产增值多倍。所以他不管选择哪种安置方案，家庭财富都会显著增加。

公民个人的合法权益应当得到最大限度的尊重和保护，但是，在任何国家，个人的利益都不可能是绝对的、无限的和不变的。如果它与公共利益发生冲突，并且后者是合法正当的，有利于相关区域经济社会的发展和多数人幸福指数的提高，或者说公共利益明显高于个人利益，那么，在政府补偿公平合理的前提下，对个人来说，理当做出一定的牺牲，这是公民应有的担当。如果每户人家都以种种理由坚决不搬，那么，现在不少公园、敬老院、公办医院、公立中小学幼儿园、道路及各种基础交通设施、水电煤气电信设施等事关公共利益的民生项目，只怕没法得到必要和及时的扩建或改造，受影响的是千家万户的切身利益。

《国有土地上房屋征收与补偿条例》第一条就开宗明义：为了规范国有土地上房屋征收与补偿活动，维护公共利益，保障被征收房屋所有权人的合法权益，制定本条例。政府受公民委托管理公共事务，不但应当成为公民个人合法权益的有力维护者，也理当成为公共利益最有力的维护者。

拿浙江这件事来说，火车站站前大道项目是基于公共利益的基础交通设施建设。政府努力做征迁当事人的工作，尽力维护其最大利益，争取实现双赢，这是最理想的结果；但如果在一定的期限内，在法律和政策许可的范围内，政府仍然无法满足当事人的个人要求，那就应当依法采取必要的强制措施，努力维护公共利益，不能无限期拖延下去，或者无原则地满足当事人的不合理要求，这是政府应尽的职责。无原则地"温情执法"，坐视公共利益长期受损，其实也属于行政不作为。《国有土地上房屋征收与补偿条例》第二十八条就规定：被征收人在法定期限内不申请行政复议或者不提起行政诉讼，在补偿决定规定的期限内又不搬迁的，由作出房屋征收决定的市、县级人民政府依法申请人民法院强制执行。

值得注意的是，近五年来，一些媒体在做相关报道和组织相关评论时，只关注了部分地方政府强制征迁的一面，而忽视"钉子户"提出的不合理的要求，严重阻碍各种基础设施和公共事业建设的另一面。片面呼吁要保护公民个人的权益，却不关注对公共利益的保护，这不是一种客观和理性的态度，无助于推动社会和法治的进步。

（原载《北京晨报》2012 年 12 月 3 日）

# 肖明辉案警示了什么

年仅 32 岁的海南洋浦开发区规划局原副局长肖明辉，因伙同他人受贿 1 600 多万元，于 2012 年 10 月 12 日一审被判处无期徒刑（笔者注：2017 年 5 月 10 日判为有期徒刑二十二年）。

作为清华大学硕士研究生，他曾因工作成绩突出，被授予第十六届"海南青年五四奖章"；参加工作仅两年，就出任副局长。一个被大家认为"前途不可限量"的年轻人，快速升迁，又快速落马，令人扼腕痛惜。

从目前的情况看，强调不求全责备、敢于不拘一格用才、多为年轻干部成长创造宽松环境，已成为主流舆论。肖明辉案提醒我们，培养选拔年轻干部，既不能搞论资排辈、求全责备，也应坚持严格要求、教育、管理和监督。片面强调一方面，忽视另一方面，对年轻干部的健康成长、对党和国家事业的发展都是有害的。

这首先是由年轻干部的特点和成长规律所决定的。作为干部队伍中的特殊群体，年轻干部的优势和不足都比较突出。他们多数文化知识水平高，思想解放，视野开阔，头脑灵活，干劲足、闯劲大；同时，他们往往缺乏党内生活和基层实践的锻炼，驾驭复杂局面和解决实际问题的能力不强，有的宗旨意识、党性观念淡薄，生活上自律不严。

从现状看，各地各部门已经普遍重视培养选拔年轻干部，从中央到地方，都有一批又一批年富力强、德才兼备的年轻干部走上领导岗位。然而，一些地方对提拔上来的年轻干部没有进行有效的教育、管理和监督，导致年轻干部落马的事频频发生。特别值得注意的是，近五年来，我国职务犯罪出现了"35 岁现象"的新特点。例如，近五年来，海南海口市检方查办 40 岁以下干部职务犯罪 166 人，占立案总人数的 38.5%；2007 年、

2008 年两年间，在广东广州市政府系统违纪违法案件中，31 岁至 45 岁的涉案者占了 55.95%。海南的肖明辉案则是最新的一例。

笔者以为，在培养年轻干部的过程中，应对之进行严格要求、教育、管理和监督，一发现问题的苗头就应尽早提醒、纠正，努力把问题消灭在萌芽状态。对年轻干部的缺点和工作中的失误，如果是性格急躁或魄力不够等个性方面的问题，或者是经验不足、一时不慎导致的问题，未造成很严重的后果，应当多加宽容、多看主流、多看潜力；如果是道德品质方面的问题，则应持高度重视、特别审慎的态度。实践证明，才能不足可以通过自身努力和实践磨炼加以弥补，但心术不正、心胸狭窄等问题，很难得到根本的纠正。

如果以不要求全责备为借口，对年轻干部的缺点和问题视而不见、放任自流，甚至避重就轻、一味护短，就可能使小问题酿成大错误，最终害了年轻干部。这方面的教训是很多的。典型的像河北省国家税务局原局长李真、共青团宁夏回族自治区委员会原书记曹刚，落马时均不到 40 岁；他们落马的一个共同原因，都是主观上自律不严，客观上监管不力。肖明辉案同样如此：导致他落马的是一个总造价达 5 亿元的安置房项目，有关部门对他过于信任，竟然由他一个人负责合同文件起草、寻找竞标和中标企业，结果出现了令人痛心的结局。

源源不断地培养一批又一批优秀的年轻干部，关系到改革开放和现代化建设事业薪火传承、继往开来的大计。对年轻干部，既应满腔热情地爱护，鼓励他们勇挑担子、大胆创新；又应严格要求、教育、管理和监督，将二者有机结合起来，把握好尺度。这才是对年轻干部的真正爱护，对党和国家事业的真正负责。

（原载《瞭望》2012 年第 42 期）

# 捍卫法定规则，有时就得来硬的

2013 年 4 月 29 日晚，河北邯郸市馆陶县人民医院医生王萍因一起医患纠纷，被患者家属围堵殴打。她欲从三楼办公室系床单离开时，不幸坠亡。

这起悲剧是近年来医闹现象酿出的又一恶果。在一些地方，医闹屡禁不止，主要问题不在于缺乏解决医患纠纷的博弈规则，而是规则得不到切实的维护和实行。

20 世纪 80 年代、2004 年、2009 年和 2012 年，公安部和卫生部先后四次联合发文，要求切实维护医院正常的诊疗秩序。特别是 2012 年《关于维护医疗机构秩序的通告》明确，警方将依据《治安管理处罚法》，对医闹等扰乱医院正常秩序的七种行为予以处罚，乃至追究刑事责任。多数地方也制定了医疗纠纷预防与处置办法，如邯郸市有关办法明确规定：发生纠纷后，患者及其家属应依法向医疗机构或医疗纠纷调解委员会提出意见和要求，或者直接向人民法院提起诉讼。然而，从实际情况看，一旦发生患者家属在医院摆灵堂、违规停尸、聚众滋事、殴打医务人员等事件，包括警方在内的有关部门，担心依法采取强制措施会激化矛盾，往往采取温和劝说、息事宁人的态度和做法，客观上纵容了医闹行为。部分患者家属发现通过大闹见效快、收益高，自然不愿根据法定规则走申请医疗鉴定、请有关部门调解或诉诸法院等合法的道路。

其实，不但有医闹，学闹也时有所闻。学生一旦在学校出事，不论学校是否有错，学生家长都要到学校大闹，要求学校赔偿。尽管教育部和各地都制定了校园安全事故处理办法，但由于包括警方在内的有关方面，担心矛盾激化，往往不愿对闹事者依法采取强制措施，这类办法也每每形同虚设。

医闹、学闹为祸甚烈，不仅动摇人们的法治观念、对依法治国的信心，而且危及法治国家、法治政府和法治社会建设，甚至会严重损害医院和学校的合法权益。从全局和长远来看，对患者、学生及其家属也很不利，比如会导致医院采取更加保守谨慎的措施，对危重疑难患者能推则推，或增加不必要的检查等；导致学校取消必要的、有益学生身心健康的体育项目。

事实上，只要有关方面依法及时对闹事者采取强制措施，该强行驱离的驱离，该行政拘留的拘留，该判刑的判刑，也许会一时激化矛盾，但是从根本和长远来看，这是必须付出也值得付出的代价。只要坚持下去，很快就可以在全社会树立一个明白无误的警示：在法治社会，任何博弈都必须按法定规则进行，任何诉求都必须通过也只有通过合法的途径表达和满足，否则就要接受相应的处罚。只有让公众清楚，通过医闹、校闹谋求相关利益，特别是不合法、不合理的利益，只会搬起石头砸自己的脚，类似王萍医生的悲剧才会减少或消失。对医院、学校来说，也应当勇于维护自己的合法权益，对无理取闹者不做无原则妥协，坚持通过法律途径解决纠纷。

现代社会是一个观念多元化、利益多元化、诉求多元化的社会，有博弈很正常，博弈甚至是推动社会发展的必不可少的手段。可怕的是博弈没有规则或者不按规则进行，那样只会鼓励人们用非法的手段来达到自己的目的，从而导致社会混乱。可以说，在无规则或不讲规则的博弈中，人人都可能成为受害者。而有了规则不执行，等于没有规则。法定的规则必须依法通过强制力量来维护和践行，否则就是一纸空文。

（原载《紫光阁》2013 年第 6 期）

# 让越来越多的大学生技工挑起大梁

广东珠海某培训中心新招的 65 名学生中，拥有大学本科学历者占 25% 以上；而在珠海某培训学院，拥有专科以上学历的学生已占到 60% ~ 70%。

近年来，大学生的就业问题引起各方关注，2013 年有将近 700 万名大学毕业生步入社会，被称为"史上最难就业年"；与此同时，企业也长期饱受高端技术人才难招的困扰。笔者以为，有关各方积极为大学生当高级技工创造条件，是缓解"两难"问题、促进经济转型升级的好途径。

世界银行调查研究显示，劳动力受教育的平均年限每增加 1 年，创造的 GDP 可增加 9%。中国学者的研究则指出，目前我国城镇劳动力平均受教育年限不到 10 年，而制造业中劳动力受教育年限每提高 1 年，劳动生产率就会上升 17%。受过高等教育的大学生技工，思想文化素质较高，创新意识和能力较强，在推动技术改革、不断提高生产质量和效益方面具有较突出的优势。特别是随着信息化、新型工业化进程加速推进，产业结构优化升级的步伐加快，在电子技术、数控加工、电气自动化、高端装备、汽车制造维修、生物医药等产业，不少工种的科技含量越来越高，对复合型高技能人才的需求日益迫切，正是大学生技工可以大显身手的舞台。即使是服务行业的高级技工，也绝非只需简单的重复性劳动，如高级烹饪师做的是饮食文化，高级美容美发师要具备一定的美学修养。

就拿武汉铁路桥梁高级技工学校来说，该校 2009 年在全国技校系统中率先开设大学生班。从用人单位的反馈来看，不少学生毕业后不到两年，都当上了"工王"，开始带领团队，有不错的收入。像中专毕业的工人，想当"工王"，一般得 15 年时间，而大学生班的毕业生只需三四年。该校介绍说，现在企业急缺高素质技术人才，从现有工人中培养，周期长，素质也不一定符合要求，所以大学生技工特别受欢迎。这个实例生动地说明，那种认为大学生当技工是浪费人才的观点，已越来越不合时宜了。

当前，我国高级技工占职工总数的比重约为 5％，西方发达国家则超过 35％。仅在制造业，我国高级技工的缺口就达 400 多万人。技术工人整体素质偏低，会导致劳动生产率不高、产品质量达不到高精尖的水平、高端设备不能充分发挥应有作用等后果，进而影响转方式、调结构，影响中国产品的国际竞争力。

推动经济持续健康发展，实现中国梦，需要一支综合素质高、技术精湛的现代化产业工人大军。中国就业促进会于 2013 年 6 月发布的一份研究报告提出，应将促进经济升级换代与促进大学生就业紧密结合起来，大力发展智力密集型产业，开发出大量与大学生知识储备、基本素质、发展预期相匹配的就业岗位，例如制造业下的 31 个大类。这类岗位不仅起点高，而且有一定的挑战性，从业后要求终身培训以保证知识更新。它们多数具有事业性的特征，大学生可将其作为一生的事业发展。政府、学校和企业应当通力合作，密切配合，采取各种措施，鼓励大学生转变就业观念，根据自身的实际和社会的需求，参加各类专业、系统的技术培训，向高级技工的方向发展。

（原载《福建日报》2013 年 11 月 19 日）

# 情商课受热捧的启示

华东师范大学开设"婚姻与爱情"选修课，设定课堂容量84人，结果报名者接近500人。河南教育学院的情商课开设5年，不但无人逃课，外班学生还常来蹭课。

婚恋课、情商课得到大学生的追捧，可以说明两点：他们很需要这方面的知识和技能；在中小学阶段，他们多数人没有受到这方面的教育。有些地方已意识到这个问题——2013年秋季，江苏南京六合区就开始在全区小学和初中开设情商课。

婚恋观、情商，都属于非智力因素，它包括身体素质、道德水准、艺术修养，在情绪、情感、意志、耐受挫折等方面的品质等。人们已普遍认识到，在一个人成长的过程中，非智力因素的培养和智力因素同等重要。然而，从总体上说，除了家庭和社会相关教育的不足，我国从小学到大学的课程设置，也有一个共同的缺陷：培养智力因素的课程偏多、难度偏大，相当一部分学生出现厌学情绪；培养非智力因素的课程偏少、实效不足，不利于促进学生身心全面发展，并且导致了很多校园问题和社会问题，给个人、家庭、社会和国家造成种种损害，影响了社会和谐稳定与公众整体生活水平的提高。

近年来，学校恶性事件时有发生，人们感觉一股戾气弥漫社会，这里头固然有很复杂的原因，但就当事人个体来说，往往是因为他心理和性格有严重缺陷，却一直没有得到有效的矫正，其中一个重要原因就是心理健康教育课程的匮乏。据有关部门不完全统计，目前我国合同的履约率仅为50%。诉讼案件的90%是民事案件，占比最大的就是合同纠纷，说明市场交易中不诚信的问题非常突出，企业每年因此导致的经济损失高达约6 000

亿元。导致这个现象的因素当然很多,但也要反思学校德育工作。可以说,如果我们能进一步重视德育课、提高学校德育的实效,使多数人能养成基本的诚信意识,社会就有望减少大量运行成本和不必要的损失。

学生是在由家庭、学校和社会共同组成的大环境中成长的,培养学生的情商等非智力因素,需要三方的共同努力。学校作为科学、系统、专门进行教育活动的机构,在这方面可以有更多的作为。2000 年,教育部基础教育司副司长曾指出,中国中小学理科内容深而窄,难度应为世界第一,而对科学精神、人文精神的培养水平远远落后于欧美国家。2013 年 10 月,教育部教育发展研究中心主任指出,将中国的高考数学题拿给英国学生做,有一半都不及格;而我国初一学生就会英国的高中考题。可见,10 多年过去了,课程设置方面的偏差似乎并没有得到根本的改变。

《中共中央关于全面深化改革若干重大问题的决定》在提到教育改革时,除了强调"全面贯彻党的教育方针,坚持立德树人"等外,专门提到三门学科:强化体育课,改进美育教学,探索外语等科目社会化考试一年多考。笔者建议,着眼于培养学生的综合素质,除了家庭和社会应当更重视非智力因素的教育,教育部门也不妨统筹规划,对从小学到大学的课程体系进行整体、系统的改革,增加培养非智力因素的课程,提高实效性。其目的是使广大学生在步入社会之前,不但掌握一定的文化知识,还具备健全的人格和良好的人文精神、基本的道德素质和正确的价值观、较好的身体素质、一定的艺术修养,即成为全面发展的人。

（原载《福建日报》2013 年 12 月 13 日）

# 降低门槛不如提高待遇

2014 年广东公务员录用考试报名正在进行，部分公安特警、监狱、戒毒管理机关一线护理等职位报考学历门槛，放宽至高中、中专和中技校。

广东省人力资源和社会保障厅表示，对山区贫困地区部分职位，采取放宽学历、年龄条件等措施，主要是引导和鼓励更多人才投身基层，扎根山区，解决山区基层"招人难、留人难"问题。笔者以为，在这个问题普遍存在、一时还难以从根本上解决，山区基层又急需人才的现实情况下，此举不失为务实的举措，但它似宜只作为应急、权宜之计，而不宜作为长久和基本之策。

有人可能认为，在山区基层，多数岗位有高中、中专学历就已经够用了。像部分特警、狱警、戒毒管理机关一线护理等职位，似乎属文化、技术含量不高的活儿，并不需要高学历；即使是只有高中学历的代课老师，只有中专学历的卫生院医生，在不少地方也常见，看起来也能胜任。笔者以为，做得了和做得好，是两个层次；在有可能的情况下，我们当然努力追求做得好，以更好地推动发展、促进和谐、造福百姓。特别是在山区基层，经济社会发展水平本来就比城市落后，更要求我们尽可能把各项工作做好，尽快缩小城乡差距，推动区域平衡发展，让城乡居民平等地享受发展成果，实现社会公平正义。

教师、医生、农技人员等专业技术含量高的岗位，高学历高素质人才能做得更好，这比较容易理解；而像乡镇政府公务员、狱警、戒毒管理机关一线护理等职位，要做得好，同样需要高端人才。他们通常思想文化基础较好，眼界宽广、思路开阔，会使用现代多媒体掌握最新信息、密切对外交流，自我充实、不断创新、破解难题的意识和能力较强，到乡镇政府工作，更有利于服务三农，带动农村发展，维护农村稳定。对狱政人员来说，要做好特殊人群的思想改造工作，需要掌握精深的教育学、心理学、社会学等专业知识和能力，需要良好的人文素养。戒毒管理机关一线护理工作人员也需要有医学、护理学、心理学的系统专业知识，也可以走专、精、深的道路。

人才的数量、质量是决定一个地方发展快慢的关键因素。全面建成小康社会，薄弱环节正是在山区基层。加快山区基层发展，离不开大量高学历高素质的人才。山区基层长期缺乏高学历高素质的人才，会导致当地经济社会发展困难，从而难以吸引人才，而这会导致发展更加迟滞，又进一步加剧"招人难、留人难"问题，结果形成一种恶性循环；反之，就会形成良性循环。要形成这种良性循环，就不应满足于降低吸引人才到山区基层工作的学历门槛，而应当更多地采取措施，引导和鼓励更多高学历高素质的人才到艰苦边远地区。最重要的是，不应形成优先保障城市和发达地区发展，把最好的公共资源先行、足量地配置到城市、发达地区，然后把有余的、次优的公共资源配置到山区基层、落后地区的观念。这会导致强者愈强、弱者愈弱的马太效应。

《中共中央关于全面深化改革若干重大问题的决定》提出，要健全人才向基层流动、向艰苦地区和岗位流动、在一线创业的激励机制。部分高学历高素质人才不愿意到山区基层工作，主要原因是工作、生活条件艰苦，经济收入低，个人晋升空间不大等。引导和鼓励更多高学历高素质的人才投身基层、扎根山区，不妨从物质和精神两个层面着力解决上述问题。比如，把更多的中高级专业技术职务的指标投向艰苦边远地区；随着经济的发展，可以优先和更多地增加山区基层公职人员的津贴补贴；探索建立公务员职务与职级并行、职级与待遇挂钩制度，使基层广大公务员在职务晋升空间有限的情况下，也能通过职级晋升获得较好的福利；等等。

（原载《经济日报》2014 年 2 月 26 日）

# 拔高石某某是降低道德评判标准

广西某县女孩石某某在河北燕郊打工期间不慎撞倒韩姓老人，她立即将其送至医院，并辞去工作陪护老人，老人及家属放弃索赔，并帮女孩找了新工作。如今，石某某被家乡树立为道德模范。该县县长一行四人专程从广西飞到燕郊看望石某某，向石家发放了 5 000 元慰问金，当地还对石家给予 4 万元左右的建房补助金。

在现实生活中，连基本的道德底线都守不住的现象时有发生，比如撞了人只顾自己逃跑，不管被撞者的死活；自己摔倒，别人扶起来，不但不表示感谢，还要诬陷别人；等等。正是在这种背景下，人们觉得，石某某撞倒了老人马上送医，为了照顾老人而辞职，体现了一个人应当有的诚信和担当精神，值得赞扬。但是，我们恐怕还得清醒地认识到，石某某的所作所为，其实不过是在承担道德上必须承担的责任，还谈不上做好事，更谈不上见义勇为。如果石某某跑了，还涉嫌违法，特别是被撞老人如果当时有生命危险的话。

石某某的家乡用适当的方式对她的行为表示肯定，自有必要，但是把她当年在当地登山的照片也摆在山上宣传，似乎有些过头了。就连当事人都感觉有点拔高了。对此，老人说得很中肯："对于我来说，当初只是基于小石的家庭情况和她肇事后没有逃逸的表现，才决定谅解她的。如果她是一个态度蛮横的人，我依然会要求法庭见。对于这个小姑娘来说，她首先是肇事者，承担责任也是很普通的事情，获得了我的谅解是我们之间的机缘，所以我认为没有必要拔高这件事情。"

积极挖掘本地的道德资源，推出本地的道德模范，激励人心向善，推动社会和谐发展，这是当地政府应尽的责任。当然，道德模范是有不同层次的，地方县市所树立的典型，也许不如雷锋、孔繁森、林巧稚等那样感人，但也应符合相当的标准，其行为够得上"高尚"这个层次，真正值得人们信服，获得普遍认可，而不应只是守住底线、按公序良俗的要求本应如此的行为。如果因为社会上不守诚信、不负责任的现象还不时发生，就将道德模范的标准降低到一位公民本应当遵守的道德底线的水平，那恐怕会误导社会，不利于道德建设，而且对石某某本人也未必有好处。

当然，这个事件也警示我们：改革开放以来，随着市场经济的发展，各个领域道德滑坡的现象应当引起我们的足够重视，并采取有力措施加以应对。道德建设应是随着公众道德素质的逐步提高，不断提高道德评价的标准，从而进一步促进全社会道德水平的提升，形成良性循环。从这个意义上说，拔高石某某，就等于降低社会的道德评判标准。

（写于 2014 年 3 月）

# 别仅仅把干部当作 "螺丝钉"

工作在乡镇、居住在城里，长期迟到早退、遥控指挥……一些地方存在的干部"走读"现象，引起群众不满。不过，部分基层干部认为，公务员只是一个职业，他们也有享受家庭温暖的权利，因此，整治干部"走读"现象，相关政策制定应更具合理化、科学化和人性化。

干部"走读"损害党群关系、干群关系，影响正常工作的开展，甚至可能给公共利益造成巨大损失，其危害不言而喻，当然应当尽快采取切实措施予以纠正。对广大干部特别是党员来说，把群众利益、公共利益放在首位，顾大局、讲奉献、作牺牲，是应有的思想觉悟和责任担当。同时，我们还应当看到，和群众一样，干部也是肉身凡胎，也生活在具体的社会环境中，承担相应的社会角色，得处理好各种社会关系；他们也食人间烟火，有七情六欲，有一些合法合理的个人利益，比如想就近照顾身体不好的家人和年幼的孩子，要求工作所在地能满足其日常生活需求；等等。这种正当的利益，同样应当得到切实的维护。如果长期让一些干部作牺牲、受委屈，有关部门在有条件改变的时候不采取相应措施，就难免影响他们工作的积极性和创造性，对他们及其家庭也不公平。

事实上，公共利益与个人利益在很多时候并非水火不容，保障好干部正当的个人利益，恰恰有利于促进公共利益，达到双赢。比如，湖南株洲县建立干部个性化信息档案，在不影响大局的情况下，将组织意图和个人意愿结合起来，把干部安排到适合的岗位，解决其实际困难；广西上林县在各乡镇建设食堂和周转房，积极改善工作人员的生活条件；等等。这些做法温暖人心，使相关干部能安下心来，充分发挥工作的主动性、创造性，取得不错的效果。

　　以人为本，不但是针对广大群众而言，也是针对广大干部而言的。干部是宝贵的社会财富，是全心全意为群众服务、做好各项工作、推进经济社会发展的生力军。特别是广大地处"老、少、边、岛"的基层干部，身处群众工作的第一线，工作情况复杂多变，压力大，待遇普遍不高，有的生活环境还相当艰苦，需要更多的关心和爱护。对有关部门来说，应当把他们当作有血有肉、有喜怒哀乐的人来看待，而不是仅仅看作无知无觉的"螺丝钉"。遏制一些地方的干部"走读"现象，不妨既讲原则也体现人情味，在严肃纪律、建章立制的同时，也积极创造条件，尽可能兼顾好他们的工作和生活，从而使其更好地服务群众、推动发展、促进和谐。

（原载《中国青年报》2014 年 4 月 17 日）

# 对专家灼见要听更要 "取"

2014年7月8日，习近平总书记在主持召开经济形势专家座谈会时指出，广泛听取各方面专家学者意见并使之制度化，对提高党的执政能力、提高国家治理能力具有重要意义。

习近平总书记的讲话让笔者想起一个典型事例。中山大学地理与规划学院袁奇峰教授指出，广州原市委书记万庆良在城市规划问题上"疯狂又狂妄"。他亲自过问的广州海珠区环岛轻轨建设既解决不了交通问题，又增加不了开发用地，反而会破坏滨江绿地，而且成本难以收回。为什么会出现这种情况呢？除了万庆良个人的因素，还因为广州市城市规划委员会原本有常设委员会会议，后来由于很多项目专家通不过，便被撤掉了。现在的委员会由市长担任主持人，"专家大都听话，很少出现否决案"。

类似万庆良这样按领导个人意愿搞拍脑袋决策、给公共利益造成重大损失的案例，不时见诸媒体的报道。其重要原因，往往不是因为决策者听不到有关专家学者的真知灼见，而是有所选择：符合决策者意愿的就采纳，不合意的就只是听听而已。相关的专家委员会只是一个摆设，听取专家的意见只是一个走过场的程序。

对各级党委和政府来说，广泛听取各方面专家学者意见并使之制度化，关键是走法治化的道路，建立健全决策咨询制度和程序，不以个别领导的变更和喜好为转移。其核心是，使专家学者的真知灼见能够通过法定的途径，真正成为党和政府决策的重要依据。比如，广州海珠区环岛轻轨能不能建，如果能建该怎么建，是专业性、技术性很强的事，事关重大公共利益，应当由相关的专家委员会组织专家，经过认真调查、科学论证、充分讨论后投票决定，而不是由极少数决策者说了算。

　　总之，对专家学者的真知灼见，有关部门不但要听，更要"取"。只有建立和完善法治化的机制，让专家学者的真知灼见能在公共决策中切实发挥应有的作用，才能推进公共决策实现科学化、民主化和法治化，从而不断提高人民的福祉，提升党和政府的执政能力、形象和公信力。

（原载《人民法院报》2014 年 7 月 13 日）

# 适宜的气温也是重要的公共产品

夏日炎炎，从北到南，从东到西，很多城市持续"高烧"，严重影响市民的生活质量。天气持续高温，轻则让人烦躁不安，影响心情和工作效率，重则引发或加剧疾病。

在天气炎热的城市，防暑降温是最直接、最现实的一大民生问题，值得相关部门花大力气改善和解决。事实上，适宜的气温也是环境质量的一种。如果一个地方的空气不错，但气温高得让人难以适应，恐怕就不能说这里的环境质量很好。如果说天蓝水清的环境是一种公共产品，那么，通过广植大树、打通城市风道、减少热岛效应等手段，积极创造适宜的气温，是关系群众切身利益的公共产品，也是政府有义务竭力保障的公共产品。公共产品指能为绝大多数人共同消费或享用的产品，其主要特征是具有消费或使用上的非竞争性，以及受益上的非排他性。

虽然气温主要看老天爷的脾气，但城市规划也很重要。在城市，编织满城绿荫防暑降温，就是一个行之有效的好办法。据测算，夏季林荫道下的气温可比周边降 3 ℃ ~ 7 ℃；在林荫道上行车时，车内温度可比在烈日下行驶低 6.5 ℃ 左右。然而，有些城市进行市政建设时，事先规划不全面，不重视栽冠幅大、能遮阴的乔木，导致绿荫不断减少。

北宋福州太守张伯玉，见当地不少民众因暑热病倒，于是编户植榕，以后"绿荫满城，暑不张盖"，遂成一大德政，福州也因此有了"榕城"的美称。笔者认为，"绿荫满城"不但是自然景观，也是人文景观，因为它直观地体现了地方主政者像榕树那样"在一邑则荫一邑，在一郡则荫一郡，在天下则荫天下"的公仆情怀，尽管那时还没有"以人为本"这个提法。

（原载《成都商报》2014 年 8 月 4 日）

# 慎独　慎初　慎微

习近平总书记于2014年3月17—18日在河南兰考调研指导党的群众路线教育实践活动时强调，领导干部对一切腐蚀诱惑要保持高度警惕，慎独慎初慎微，做到防微杜渐。这一要求切中时弊，切中肯綮，很值得广大领导干部深思。

现在一些不法分子对领导干部施加腐蚀诱惑，常常有组织有计划，而且每每"与时俱进"，花样越来越多，隐蔽性、迷惑性越来越强，有关人员若麻痹大意，就容易中招。所以，对领导干部来说，头脑中绷紧拒腐防变的弦，时时处处睁大眼睛，是很有必要的。其中，慎独、慎初、慎微，十分重要。

所谓慎独，就是在没有外人监督、不易被组织发现的情况下，能够持身守正，自觉抵制各种腐蚀诱惑。所谓慎初，就是在受到糖弹进攻的初始阶段，特别是到新的岗位面对新的不良诱惑时，能坚决顶住，不开一点口子。所谓慎微，就是面对任何微小的腐蚀诱惑，都能保持高度警觉，不放松对自己的严格要求。

"独"，是从领导干部身受糖弹攻击的环境来说的；"初"，是从领导干部开始受糖弹攻击的阶段来说的；"微"，是从糖弹自身的价值、数量等情况来说的。这三者紧密联系，常常形成合力对领导干部进行考验。

为什么要强调慎独、慎初、慎微呢？这是因为，在处于监督之中、有外界力量帮助共同抵御糖弹的情况下；在抵制了多次腐蚀诱惑、养成廉洁自律的好习惯好作风后；在利益巨大、风险也巨大的诱惑面前，多数领导干部都会对糖弹有不同程度的警惕或者顾虑，不那么容易"中弹"。相反，"独""初""微"这三种情况，都容易让人放松警惕：反正相关部门不知

道，不吃白不吃；偶尔吃一两次，应该不要紧；就这一点点东西，吃了也没什么。长期坚持慎独、慎初或慎微，的确有一定的难度。

质变始于量变，量变积累到一定程度就会发生质变。这是一个不以人的意志为转移的客观规律。领导干部在没人监督的情况下失守，产生贪婪之欲，就可能进一步在有人监督的情况下冒险妄为；有了第一次，就会有第二次、第三次；千里之堤，溃于蚁穴——领导干部的腐化，常常就是经历这样一个积小恶成大恶、慢慢坠入深渊的过程。

正因为如此，一些不怀好意的人，总爱瞄准这几个薄弱环节，从领导干部最容易放松警惕、最容易被攻破的日常生活入手，千方百计拉他们下水。因此，领导干部抵御糖弹，慎独、慎初、慎微是关键。这三关把得住，就不容易出问题。位高权重或处于要害岗位的领导干部，"攻关"者多，失守后可能产生的危害也大，特别需守住阵脚。

坚持慎独、慎初、慎微，需要领导干部严守党纪国法，一切依法、按章、照原则办事，公权绝不私用滥用。同时，加强自身的道德修养，养成健康文明的生活理念、情趣和习惯，在人际交往中与商人等社会人员保持必要的距离，不接受任何可能影响自己公正履职的好处。另外，不妨从无数贪官倒下的类似经历中吸取教训，常常提醒自己保持清醒的头脑，防微杜渐。

总之，领导干部只有坚持慎独、慎初、慎微，才能有效抵制"四风"和其他各种歪风邪气的腐蚀，永葆人民公仆的本色，在教育实践活动中，在推动发展、改善民生、促进和谐中，交出让群众满意的答卷。

（原载《中直党建》2014 年第 8 期）

# 推动农民工真正融入城镇

2014年9月12日，国务院印发《关于进一步做好为农民工服务工作的意见》（以下简称《意见》），提出着力促进农民工社会融合——通过依托各类学校开设农民工夜校等方式，开展新市民培训，培养诚实劳动、爱岗敬业的作风和文明、健康的生活方式，努力推进农民工群体融入城镇。

2013年我国农民工总量已达2.69亿人，其中外出1.66亿人。农民工已成为产业工人的主体，推动国家建设、城镇发展的重要力量。如何通过积极创造条件，推动农民工逐步实现平等享受城镇基本公共服务，实现有条件有意愿的农民工市民化，是关系上亿农民工及其家庭的福祉，关系社会公正与和谐稳定，关系城镇化健康进行、可持续发展的一件大事。

目前，部分城镇为了帮助农民工更顺利地安身落户，比较重视对其进行职业技术培训，提高其在城镇就业的能力。外来农民工要对一个城镇产生真正的归属感，和城镇居民之间彼此产生认同感，除了掌握借以谋生的一技之长，具备这个城镇对其居民所要求的综合素质也必不可少，否则就容易和城镇产生"文化冲突"，只能身入而心不入。国务院的《意见》显然已对这个问题高度关注。因此，各地各部门除了做好对外来农民工的职业技术培训，对他们进行包括法律法规、价值观念、文化水平在内的精神文明方面的培训也同样重要，这二者好比鸟之双翼、车之两轮。

各地各部门应当按国务院《意见》的精神和要求，对农民工给予更多的人文关怀和精神滋养，积极对农民工进行新市民培训，努力推进农民工群体和城镇实现水乳交融。通过这种教育培训，让广大农民工更加自觉地

遵守国家有关法律和当地有关法规；更加自觉地认识到，只有敬业尽责，诚实守信，讲究公德，不断提高自己的综合素质，才能为自己更顺利地融入当地、真正实现社会融合创造良好的氛围和条件。

（原载《中国商报》2014 年 10 月 10 日）

# 呵护评论权　珍惜评论权

　　因认为电视台主持人吴某的评论侵害了自己的名誉权，大学教授孔某将其起诉至北京法院，要求判令对方及电视台赔偿其经济损失20万元并道歉。2014年12月法院一审判决驳回孔某全部诉讼请求。

　　孔某认为，该评论未经调查，且其中使用了侮辱性言语对其进行了贬损和攻击。法院则指出，吴某的评论依据的报道和案件所涉情况是真实的，并无相关证据证明其存在借机损害孔某名誉的恶意，相关评论内容尚未达到侮辱的严重程度，不构成侵犯名誉权。一审判决捍卫了媒体正当的评论权和舆论监督权，值得肯定，不过，如何更好地行使这种权利以推动社会进步，仍然值得我们进一步思考。

　　孔某指控吴某侵权的语言有两处，一是"他今天之所以在全国有一些名气，完全是靠骂人骂出来的"；二是"所以老吴今天第一个耳朵想挂什么呢？教授还是野兽？"评论贵在用事实说话、以理服人，并且杜绝人身攻击，而使用偏激的、带有情绪性和侮辱性的语句，以骂对骂，只会削弱说理的力量，损害评论者所在媒体客观公正的形象。如果吴某在用语上更加客观一点、理性一点、平和一点，评论会更有说服力，也可以避免授人以柄。

　　国务院新闻办公室2009年发布的《国家人权行动计划（2009—2010年)》，在我国首次将表达权明确为一种公民的权利。有权利就有义务，任何权利都有边界。正如法院所指出的那样，新闻评论有其存在的重要价值，是大众表达意见、交流思想以及开展新闻舆论监督的重要途径，这种独特价值决定了对于新闻评论应适度宽容，慎重认定侵权；然而，"适度宽容"并不等于可以无原则、无限制地宽容，法院认为"相关评论内容尚

未达到侮辱的严重程度"，也并不表示公众为了公共利益、没有主观恶意，就可以使用侮辱性的言辞。在人人都有麦克风、评论已进入公民写作的时代，在网络上充斥着大量带有戾气和谩骂的新闻评论的情况下，受过专业训练的媒体人，更应当为公众起表率作用，在进行新闻报道和评论时表现出专业性、理性和建设性，有理好好说，正确引导社会舆论，促进新闻评论的健康发展。

目前，我国舆论监督的总体环境仍须改善，在这种现实情况下，一方面，包括"一府两院"在内的全社会都应当积极呵护公民和媒体的评论权；另一方面，包括媒体人在内的评论者也应珍惜评论权，自觉加强责任感和法治意识，严格要求自己，依法评论，文明评论，遵守公序良俗，和全社会一起，共同营造一个公正、宽容、理性、有建设性的舆论氛围，促进法治国家和法治社会建设。

（写于 2014 年 12 月）

# 引导农民树立规则意识

2015 年年初以来，鲜奶价格一路走跌，番茄酱出口价格也比 2014 年明显下滑，致使我国养殖户、农户损失惨重。

据记者调查，鲜奶和番茄酱价格走跌，与国际市场变化等诸因素有关，但农户自身的因素也不容忽视。比如，不少养殖户养殖、挤奶、存奶时不讲卫生，导致牛奶质量不达标，奶企拒绝收购。再如，番茄酱原料紧缺时，企业哄抬价格，导致部分农户造假，损害产品信誉，形成恶性循环。不讲卫生也好，造假也罢，都与缺乏质量观念、责任意识、契约精神相关。

市场竞争是公平竞争，市场交易需要通过契约来实现，通过规范的秩序进行，以减少交易成本，达到双赢目的。因此，市场经济本质上是法治经济、信用经济。我国市场经济发育尚不成熟，不但需要完善市场机制，也亟须增强全社会适应市场经济发展要求的相关意识、观念、精神。特别是部分农民对于保障和促进市场经济健康发展所必需的市场观念、法治观念、诚信意识等还比较淡薄，这势必阻碍他们脱贫致富的步伐。就拿上述养殖户的例子来说，养殖户如果能建立用户至上、信誉第一的市场经济理念，做好养殖、挤奶、存奶的卫生，生产出合格的鲜奶，就不至于遭受如此大的损失。

现在，各地为了加快促进农民奔小康，都很注重给政策、给技术、给资金、给项目等"硬件"，但对于给观念这个"软件"的建设似乎重视不够。其实，二者缺一不可。农产品销售问题就是明证。并且，随着市场经济的逐渐成熟，市场在资源配置中越来越广泛、深入地发挥决定性作用，对生产经营者的这种观念素质的要求将日益提高。我们常说：企业家的身

上应该流淌着道德的血液。其实，这对每个生产经营者都适用。生产经营者应当认识到：不遵守市场规则的人，最终必将被市场无情淘汰。

因此，为了更加有效地帮助农民脱贫致富，政府除了继续在政策、资金、技术上加强对农业生产的扶持，引导农民走适应现代市场需求的生产经营道路，还应当积极引导农民认识市场经济的运行规律，树立适应市场经济发展要求的观念，严格遵守市场规则。

（原载《农村工作通讯》2015 年第 1 期）

# 制约器官捐献的最大障碍是旧观念

中国人体器官捐献与移植委员会相关负责人于 2015 年年初在谈到中国器官捐献移植问题时多次表示，制约我国公民自愿捐献器官和遗体的最大障碍不是传统文化，而是移植行政管理体制落后。

这名负责人认为，中国有"保全尸""死者为大"等旧观念，但更有慈悲仁爱、舍生取义等传统美德，所以制约我国公民自愿捐献器官和遗体的主要障碍不是传统文化。笔者认为，"保全尸"等传统观念，和"入土为安"等观念一样，已成为积淀在国人内心深处的一种传统理念，这也是我国经济社会面貌几十年来虽已发生根本变化，遗体火化的政策已施行多年，但仍受到一定阻挠的根本原因。遗体火化的政策有国家法律即强制力的保障，施行情况尚且如此，更不用说器官和遗体的自愿捐献了。至于慈悲仁爱等传统美德，与"保全尸"等旧观念是并行不悖的。可以说，有关器官、遗体捐献的法律和制度体系走向完备，器官和遗体的分配日趋透明、公正，当然有助于提高公民的捐献意愿，但仍要进一步做好宣传工作，大力弘扬社会主义核心价值观。

我国公民身后器官捐献率仅约 1.2/100 万人口，是世界上器官捐献率最低的国家之一。虽然 2014 年实现近 1 700 例捐献，超过过去半个世纪公民自愿捐献量的总和，但笔者以为，由于影响社会观念改变的因素相当复杂，这种改变需要一个长期、艰难的过程，不可能在三五年内实现根本突破。这正如中国驻斯里兰卡大使夫人最近指出的那样：斯里兰卡能成为世界上最大的眼角膜捐赠国，其宗教信仰中的"布施"观念是先决因素。尽管如此，该国仍然用了近 50 年的时间来推动眼角膜的捐献，中国对此应当有充分的思想准备。

　　我国目前每年约有30万名患者急需器官移植，但由于器官捐献率低、费用昂贵和专业技术力量不足等因素，每年器官移植手术仅为1万余例，大量患者在等待中去世；另外，按照医学教育大纲，每4~7名医学生应该解剖一具尸体，但我国医学院校在校生平均20人才能解剖一具尸体，在相当程度上影响了医学人才培养的质量。从2015年起，我国将全面停止使用死囚器官作为移植供体来源，公民自愿捐献将成为器官移植的唯一渠道。北京、上海、江苏、湖北等地的医界人士对记者表示，现在移植供体更加紧张了。有关方面应当努力提升宣传工作的实效，推动人体器官捐献工作可持续发展，造福广大人民。

（原载《福建日报》2015年5月6日）

# 60 亿元撬动 2 000 多亿元的启示

从 2015 年年初开始，天津筹集 60 亿元财政资金，建立中小微企业贷款风险补偿机制，在"核销不良贷款本金实际损失的 50%"等鼓励政策作用下，第一季度就推动银行新投放中小微企业贷款 2 240 多亿元，新增民营企业近 1.3 万家，取得了四两拨千斤的功效。

按市场经济的一般规律，由市场这只"看不见的手"来配置资源是最有效率、最有效益的。推进经济体制改革，发展市场经济，需要使市场在资源配置中起决定性作用。比如在一般情况下，银行给哪家企业贷款，贷多少，应当由银行根据自身情况和企业的信用等级、经营效益等自行决定，政府不应当过多插手。如果政府对市场介入过多，管了很多不宜管、管不好的事，就会导致扭曲市场信号、阻碍市场发展、加剧产能过剩等一系列问题。

但是，这只"看不见的手"是有缺陷的，单靠它难以解决维护公平竞争、公共产品供应不足、滥用公共资源等问题。比如，虽然我国 1 000 多万家中小微企业创造了税收的 50%，GDP 的 60%，就业的 70%，新产品开发的 80%，对社会发展和改善民生贡献巨大，但部分银行因种种原因不愿给中小微企业放贷，导致不少中小微企业步履维艰。这时候，就需要政府这只"看得见的手"发挥作用，积极作为，通过降低银行放贷风险、监督银行释放的资金流向、加强考核等政策，调动银行向实体经济特别是中小微企业放贷的积极性。

还值得注意的是，天津引导银行扶持中小微企业的重点，主要是企业的首笔贷款、技术改造类项目贷款，鲜明体现了政府支持百姓创业创新、支持以科技创新推动新一轮发展的导向。万事开头难，百姓要创业，第一

笔资金从哪里来？在这关键时刻，银行扶一把很重要，扶一把也许可以帮他掘到人生的第一桶金，不扶可能就此破碎一个梦想。李克强总理在《政府工作报告》中提出，要将大众创业、万众创新打造为推动中国经济发展的"双引擎"之一，以后他多次在国务院常务会议上就这个工作作出部署，6 月 7 日他到中国科学院和北京中关村考察时再次强调，让创业创新成为时代潮流。

总之，对政府来说，平时不应乱伸手，放手让市场自行调节能调节好的生产活动，让企业和个人有更多活力、更大空间发展经济、创造财富，但该出手时也应依法、及时、有力地出手。只有"两只手"密切配合，相互补充，相互协调，相互促进，才能更好地促进经济社会发展和群众生活改善。

（原载《学习时报》2015 年 6 月 1 日）

# 依法行政与勇于创新并非水火不容

2015 年 7 月，在近日召开的上海浦东区委第三届委员会第八次会议上，上海浦东新区区委书记沈晓明提到，浦东二次创业，要破除"不愿改""不敢改"等改革旁观心态，比如一些窗口办事部门，遇到制度没有明确规定的新情况、新问题，会习惯性地说"不"，或者"踢皮球"。政府应当考虑建立处理例外情况的快速反应机制。

在正常情况下，公职人员依照既定的制度、政策和先例办事，是应当遵守的基本原则，不过问题还有另一面：现实总是复杂多变的，会不断出现各种新情况、新问题，政府在制定相关制度和政策之前难以事先一一预料到；制度和政策的容量也是有限的，不可能事无巨细，规定得面面俱到、细致入微，否则将烦琐不堪，难以运用。因此，制度和政策的规定有时会滞后于现实，不能满足社会不断产生的合法合理的新需求。如果只办有先例、制度和政策有明确规定的事，必然会给相关的单位、企业、群众带来不同程度的不便，甚至会影响改革发展事业，损害相关单位、企业和群众的合法权益。

我们说，权利和责任是一枚硬币的两面，作为国家公职人员，既然依法受托行使相应的权利，承担相应的风险和责任就是应尽的义务。各单位、企业和群众来办理没有先例、制度和政策没有明确规定的事，只要不违反宪法法律，不违背相关规定的精神，不违反禁止性规定，不违反公序良俗，有关部门就应当勇于担当，本着便民利民、增进社会福祉的原则，通过合法和正当的程序，通过认真研究讨论，积极设法解决。相关部门对有代表性、反映出某种发展趋势的新情况、新问题，应当及时总结并向有关方面反映，争取尽快完善相应的制度和政策，或出台新的规定。

路都是人走出来的，先例都是先行者开创的。全面深化改革，就是要走前人没有走过的路，不断开创可复制可推广的先例。有关部门要不断强化责任感和服务意识，依法、大胆创新，根据不断出现的新情况、新问题，健全原有的制度和政策，制定符合时代需求的新制度、新政策。

（原载《湖北日报》2015 年 7 月 29 日）

# 积极引导又不包办

河北孟村县有关部门发现，上一届村级"两委"换届，一些平时肯为群众办事的干部落选，一个重要原因就是这些干部办事爱自己拍板，以至于有农民说，我要黄瓜你非给我西瓜，我为什么要支持你？

如今，孟村县在广大农村普遍建立了村级事务规范化工作机制，让群众参与村务的决策、实施和监督，很多矛盾因此迎刃而解。无独有偶，江西南昌也在有条件的村和社区普遍建立协商民主议事机构，政府将单独靠自身不好管、管不好的一些公共事务，交给百姓自己商量，达成共识后再实施，取得良好成效。

江西南昌一位干部说，以前政府部门虽然做了很多事，但有时老百姓并不满意。主要原因在于，随着经济社会的发展，群众的思想观念、利益诉求等逐渐多元化，对参与民主管理、实现共同治理的愿望也不断加强。政府部门如果事先不跟群众商量，包办所有基层公共事务，一些事不能达到广泛的共识，甚至多数群众不赞成、不支持，就可能会出现"政府买了单，群众不买账"的现象。比如，政府打算在农村建设一批休闲地，安几个座椅、设置哪些健身器材等这些问题，由农民自己来讨论决定最好，政府包办可能是吃力不讨好。

因此，尊重群众的意愿和需求，改变政府单一管理、大包大揽的工作模式，积极探索多元治理、各方共赢的基层社会治理新模式，通过发展基层民主，引导群众对涉及他们切身利益的事进行平等和充分协商，寻求各方利益最大公约数，努力达成广泛的共识，政府办事就有望获得事半功倍的效果，就可以有效化解各类社会矛盾，促进社会和谐和各项事业的发展。

当然，公共事务尊重群众的意愿和需求，不等于政府当"甩手掌柜"，事事都让群众自己去商量作决定。比如有的村"两派"村民对本村到底种枸杞还是蔬菜相持不下，像这种发展地方特色经济之类的事，涉及生产条件、交通运输、市场前景等比较专业的东西，农民未必懂行，但这事又涉及广大农民的切身利益，村委和政府不宜完全让村民自己作决定，这样风险太大。不妨派人做好调查研究，把发展枸杞业和蔬菜业各自的利弊、风险等向农民讲明白，并给出推荐方案，然后交由农民自己表决。

总之，笔者以为，政府既不能搞家长式的包办一切，也不能放羊似的撒手不管，应当做到积极引导又不包办。政府不但需要发扬民主，充分调动农民作为主人翁的积极性，还应努力引导农民转变观念，提高办事实效，同时积极发挥政府能有效调配各方资源的长处，为农民出谋划策，做好公共服务，这本身也是人民政府的职责所在。

（原载《农民日报》2015 年 8 月 5 日）

# 有认同感才有幸福感

2015年10月5日，中山大学大数据传播实验室发布了国内首份《中国超大城市认同感调查报告》，重庆、上海和广州的居民对所在城市的认同感位列前三位。

居民对城市的认同感，是个人对自身状况和外在环境的综合评价，也是对城市建设、发展水平的一种综合评价。调查显示，居民对城市认同感的高低与当地经济发展水平并不完全一致，这很值得我们关注。

金奖、银奖不如群众的夸奖。我们进行一切建设的最终目的，说到底，都是为了提高群众的生活水平和幸福指数，而不仅是发展经济。据不完全统计，现在已有上百个城市提出建设"幸福××"的目标。不过，幸福不幸福，最有发言权的是生活在当地的居民。"幸福××"建设得如何，最终还得落实到居民的切身感受上，最终还得由广大群众来评价。仅仅有GDP等一些光鲜的数字，并不能说明居民就认同这里已是"幸福××"了。我们可以看到，只有教育、医疗等公共资源分配均衡了，生活成本合理，出行便利，空气指数良好，这样，居民才会对所在的城市产生较高的认同感与幸福感。我们强调要增强群众的获得感，让群众感受到实惠，根本原因就在于此。

如果一个城市能让居民公平公正地共享发展的成果，基本公共服务实现了均等化，社会保障体系比较健全，公共基础设施比较完善，治安状况良好，生态环境优越，经济状况较好，居民切身利益有保障，感到这个城市是较为稳定的归宿，那么，他们对城市的认同感就相对较高，幸福感也相对较强。例如，这次排名第一的重庆，并不是经济最发达的超大城市，但该市自2007年被列为全国统筹城乡综合配套改革试验区以来，在缩小城

乡差距、推动城乡一体化发展和经济社会协调发展、促进社会公正等方面取得了显著成绩，人均 GDP 高于全国平均水平，给居民带来了实实在在的好处，因此，居民对城市的认可度高、认同感强。

幸福生活靠政府和群众共同创造。一个城市的居民对城市的认同感不高，这个城市就缺乏凝聚力，缺乏强大的精神力量；居民对政府就缺乏足够的信任，难以全力支持政府的工作，而如果双方不齐心，政府将很难有效调动市民的力量参与城市建设，有力应对各种重大突发事件等问题。如果说一个国家的公民对这个国家的认同感是该国的重要软实力，我们同样可以说，居民对城市的认同感也是该城市的重要软实力，是城市综合竞争力的重要体现。所以，城市的管理者不能不重视这个问题，平时眼睛不妨多朝下看，把工作着力点和居民关注点紧密结合起来，努力提高居民的认同感。

对中山大学大数据传播实验室这份调查报告，当然是仁者见仁、智者见智；但不管怎样，居民的认同感对我们评判一个城市的发展思路、模式和水平，提供了一个新的、也许更有参考意义的视角，值得城市管理者认真思考。

（原载《中国交通报》2015 年 10 月 12 日）

# "小城市病"也得注意防治

2016 年 3 月 17 日，南京大学城市科学研究院副院长在接受新华社专访时指出，现在大家比较关注人口过多、交通拥堵、空气污染等"大城市病"，其实，"小城市病"也应当引起社会的关注。

"小城市病"主要指一些城区常住人口少于 50 万人的城市出现的人口流失、产业空心化、文化荒芜、精神空虚、发展动力欠缺等问题。出现这些问题的一个重要原因是，目前文化、教育、医疗、科技等方面的优质资源，多数集中在中等以上城市，特别是大城市；多数小城市缺乏高层次的文化、教育机构，缺乏本地化的高端知识型人才，缺乏高层次文化的生存空间。另外，部分小城市优质资源有限，个体发展空间逼仄、活力缺失，难以吸引教育、医疗、文化、科技等方面的高端人才。

随着城镇化的快速发展，大城市对包括人才在内的优质资源的"虹吸效应"不断增强，优质资源从小城镇向小城市、从小城市向中等城市、从中等城市向大城市不断集聚。优质资源配置失衡，一方面导致"大城市病"，另一方面导致"小城市病"，它们其实是一个问题的两个方面。所以，治疗"城市病"，需要统筹兼顾、综合治理，不能头痛医头、脚痛医脚。

据统计，我国小城市数量占城市总量的 85% 以上，所以，小城市的发展决定了我国新型城镇化进程的发展质量。公共资源属公众所有。从维护社会公正的角度来说，应当让越来越多的人更好地分享发展的果实、推动优质公共资源合理配置。为此，我们需要加紧统筹城乡区域协调发展，加快推进城乡基础设施一体化、城乡基本公共服务均等化，让更多人能在中小城市、在家门口安居乐业，实现就地就近城镇化。这是我们推进新型城

镇化的一个好选项。

在产业布局上，大城市也应当坚持有所为有所不为，下定决心将不符合城市定位的部分产业，特别是劳动密集型产业，分散到周边的中小城市、卫星城镇去，逐步形成大中小城市和小城镇、城市和农村合理分工、功能互补的产业格局。

2015 年年底召开的中央城市工作会议指出，推动新型城镇化，要强化大中小城市和小城镇产业协作协同，形成错位发展、分工协作的发展格局，形成城乡发展一体化的新格局。那种导致大中城市越来越繁华，广大小城市、小城镇和乡村越来越凋敝的城镇化，不是可持续、可和谐发展、可实现全面小康的城镇化。

（原载《青岛日报》2016 年 3 月 31 日）

# "第一新闻发言人"的做法值得推广

2016 年 12 月 28 日,河南省出台《河南省政务公开考核办法(试行)》。办法规定,省直单位和各省辖市、省直管县(市)政府,主要负责人要作为"第一新闻发言人"发布新闻、解读政策、接受采访;对涉及本地本部门的热点问题,要在 24 小时内回应,并保持后续跟进。

这个考核办法的亮点在于,明确要求政府及政府部门的主要负责人——不是政府及政府部门常设的新闻发言人——作为"第一新闻发言人",及时发布新闻、接受采访。目前,各地各部门常设的新闻发言人多数由相应的副职兼任,没有拍板权,不了解部分关键信息,所获得的授权也有限,所以,在出现涉及本地本部门的热点问题、重大或突发事件时,他们往往难以对公众和媒体作出实质性的回应,每每引发舆论的不满,不利于问题的解决和社会和谐稳定。而由政府主要负责人出面,情况就大不一样:作为正职,有决策权,了解的情况比较全面,发布的信息更具实质意义和权威性,起到的效果更好。

河南的政务公开考核办法明确规定,凡在考核中弄虚作假的,将追究相关人员的责任;构成犯罪的,依法追究其刑事责任。笔者相信,这样的规定能产生相应的威慑力。河南的举措启发我们:推动政府信息公开和法治建设,加强政务公开,保障公众的知情权、参与权、表达权和监督权,需要拿出硬措施,加强制度建设。建议各地制定具体而明确、富有可操作性的办法,督促政府及政府部门的主要负责人主动发布信息、积极接受采访。国家有关方面也需要进一步建立健全相关制度,使其具有更大的权威性和约束力。

(原载《法治周末》2017 年 2 月 8 日)

# 请别掘欠发达地区的 "命根"

2017 年 2 月 24 日，教育部部长陈宝生在中西部高等教育振兴计划工作推进会上说，东部高校请对中西部高校的人才"手下留情"！挖走这些人才，就是在掘人家的"命根"！全国政协委员、新疆农业大学副校长蒋平安对此表示赞同，并举了林学专业的例子来说，东部省份很多高校都有他们培养的人才，有的甚至以团队形式外流，一度让学校的传统优势专业被严重削弱。

事实上，长期以来，不但存在东部高校向中西部高校挖人才的现象，在医疗、科技、文化等多个领域，都有类似的情况。事业是人干出来的，人才资源是第一资源。有的欠发达地区的学校或医院，一位骨干教师或医生被挖走，其所在的梯队或科室就垮掉了。陈宝生部长说这类人才是"命根"，一点也不夸张。欠发达地区各领域的人才长期大量流失，导致这些地区的发展更加困难，人才的生活和工作条件难以得到较大改善，反过来加剧了人才的流失，造成恶性循环。欠发达地区辛辛苦苦培养的人才，被发达地区凭借天生的优势、雄厚的实力，轻轻松松地挖走，这对欠发达地区很不公平。所以陈宝生部长表示，不鼓励东部高校从中西部、东北地区高校引进人才。

然而，如果只是靠各部门的领导在会上说说，靠发达地区的各单位自觉不从欠发达地区挖人，恐怕难以收到实际的成效。因为培养一个人才需要很长的时间，直接挖过来合算多了。在这种实际利益的诱惑下，"自觉"是占不了上风的。所以，在多数欠发达地区先天居弱势、我国区域发展不平衡的国情还将持续较长一段时间的情况下，还是需要有关方面拿出切实可行的措施，防止欠发达地区人才流失加剧。

我国"十三五"规划纲要提出，完善工资、医疗待遇、职称评定、养老保障等激励政策，激励人才向基层一线、中西部、艰苦边远地区流动。所以，有关方面可以做的，一方面是努力改善欠发达地区人才的生活待遇和工作条件，为人才的进一步发展和价值的充分实现开辟更广大的空间，缩小在这些方面与发达地区的差距。另一方面是建立健全相关制度，避免发达地区随意从欠发达地区挖人才。比如建立人才流动补偿机制，要求从欠发达地区引进人才的发达地区，向前者支付一定的经济补偿，或进行相应的对口支援，等等。

当然，从总体和长远来看，畅通人才流动渠道，促进人才有序自由流动，有利于促进人才自身的发展和经济社会的进步。这与在当前的国情下，对发达地区向欠发达地区挖人才作出一定的限制并无根本矛盾。发达地区主要应当依靠自身雄厚的经济实力、广阔的人才发展空间和较多的对外交流机会等诸多良好条件，立足于自己培养人才，或从其他发达地区引进人才。

（原载《科技日报》2017 年 3 月 24 日）

# 推进合宪性审查，"关键少数"很关键

党的十九大报告提出，加强宪法实施和监督，推进合宪性审查工作，维护宪法权威。这是在我党的正式文件中，特别是在中国共产党全国代表大会报告这样高规格的文件中首次出现"合宪性审查"的表述，对推进宪法的实施和完善宪法监督制度具有标志性的意义。

《中华人民共和国宪法》规定："一切国家机关和武装力量、各政党和各社会团体、各企业事业组织都必须遵守宪法和法律。一切违反宪法和法律的行为，必须予以追究。"现行宪法施行以来，由于长期缺乏合宪性审查的机制，违宪行为难以得到及时和有效的纠正，违宪者不能得到相应的处罚。合宪性审查机制一旦设立，好比宪法有了"牙齿"，有望切实起到维护宪法权威、保证宪法实施的作用。

合宪性审查，也称违宪审查，有关方面尚未对审查的内容包括哪些方面进行界定，一般认为是指对宪法以下的各类法律文件是否符合宪法进行审查。合宪性审查的实质，是宪法对权力的监督和制约。这种审查能否顺利进行，手握权力的领导干部这个"关键少数"是关键。他们不但拥有决策权，而且在各方面都能起到示范作用，其一言一行都会对社会产生不同程度的影响。宪法是根本法，是维护国家长治久安的"定海神针"，维护宪法权威、推进合宪性审查工作的意义怎么强调都不过分。习近平总书记在 2012 年纪念现行宪法公布施行 30 周年大会上的讲话中指出，依法治国首先是依宪治国，依法执政关键是依宪执政。现在，党的十九大报告已明确提出推进合宪性审查工作，有关人员应当及时转变陈旧的观念。各级领导干部都需要树立宪法法律至上、人民利益至上的观念，带头尊重宪法、维护宪法，自觉支持、努力促进合宪性审查工作的开展。

（原载《民主与法制》2017 年第 47 期）

# 建立绿色政绩考核体系

有些地方对干部的政绩考核过于偏重 GDP，导致出现以 GDP 论英雄、生态环境不断恶化的问题。解决环境问题，保护和改善生态环境，根本和关键在于加强对生态文明建设的总体设计，持续完善相关的制度建设。其中，保障生态文明建设在政绩考核体系中占有相当权重，这是总体设计的一个关键环节。

从 2015 年年底中央生态环保督察巡视试点开始，督察组在一些地方发现：个别官员头脑中的"雾霾"仍然很严重，不能正确认识经济建设与生态文明建设的关系；个别地方对各地目标管理绩效考核时，出现生态环境指标权重下降的问题；有的地方甚至将招商引资任务完成情况列为环保部门年度评先评优的考核项。这是环保督察中发现的突出问题。如果说一些地方治理环境污染问题时投机取巧，在水、空气质量等监测数据上弄虚作假，污染的只是"河流的一段"，那么在干部政绩考核中降低保护生态的权重，将环保置于次要甚至无关紧要的位置，污染的则是"河流的源头"，危害不可谓不严重。

在以 GDP 论英雄这根指挥棒指引下，一些地方即便认识到生态文明建设的重要性，愿意处理好经济建设和环境保护的关系，但当二者出现矛盾时，还是会选择最切身、最现实的利益。因此，解决问题的关键在于更换有利于生态环保的政绩考核指挥棒。中央组织部 2013 年 12 月发布《关于改进地方党政领导班子和领导干部政绩考核工作的通知》，明确要求完善政绩考核评价指标，把有质量、有效益、可持续的经济发展和民生改善、社会和谐进步、文化建设、生态文明建设等作为考核评价的重要内容；强化约束性指标考核，加大资源消耗、环境保护、消化产能过剩等指标的权

重。中共中央、国务院 2015 年 9 月印发的《生态文明体制改革总体方案》提出，完善生态文明绩效评价考核和责任追究制度，制定生态文明建设目标评价考核办法，把资源消耗、环境损害、生态效益纳入经济社会发展评价体系。

党的十九大报告指出，要牢固树立社会主义生态文明观，推动形成人与自然和谐发展现代化建设新格局，为保护生态环境作出我们这代人的努力。增强对生态文明建设的总体设计，完善制度建设，必须坚决扫除笼罩在一些地方政府和官员头脑中的"雾霾"，真正建立起"绿色"的政绩考核体系，以刚性的制度为生态文明建设保驾护航。唯有如此，才能打造天蓝地绿水清的良好生态环境。

（原载《光明日报》2017 年 12 月 2 日）

# 加快公租房建设步伐

浙江省杭州市政府于 2017 年 12 月出台文件，明确到 2020 年年底，累计筹集推出外来务工人员临时租赁住房 4 万套，以加快培育和发展当地住房租赁市场，有效缓解外来务工人员租房难问题。

据介绍，临时租赁住房是指在城中村改造范围内，利用将拆未拆的酒店、学校、市场、企业厂房、集体宿舍、办公用房等建筑改建的，或在已拆平但项目短期内不实施开发的地块上新建的，专门用于租赁的集体宿舍。笔者认为，这个充分利用现有资源的低成本建设思路，是切合实际的有效办法，好比城市利用尚未开工建设的空地当临时停车场，值得各地借鉴。

北京"11·18"火灾事故造成重大伤亡，暴露出一个普遍性问题：在不少大中城市，安全、廉价、宜居的公共租赁住房严重不足。有安全隐患的群租屡禁不绝。如果这个问题得不到有效缓解，可以预见，类似的悲剧仍会重演。

雨果说，下水道是一个城市的良心。其实，包括公租房在内的保障房建设何尝不是如此？与建设社会保障体系、基本医疗卫生体系等一样，保障性住房是政府应当为公众提供的基本公共产品，保质保量建好保障性住房，是实现"住有所居"的重大基础性民生工程，是政府应当努力做好的分内事。

住房和城乡建设部等七部门 2010 年就联合出台了《关于加快发展公共租赁住房的指导意见》，然而，从这些年的情况看，各地公租房的建设远远不能满足实际需求。这主要是因为，在寸土寸金的大中城市，可供建设公租房的地皮不易供应，加上公租房建设投入大，又属保障性住房，不能上市买卖，租金相对不高，资金回笼慢，户型受限制，社会力量不是很感兴趣。就是说，在这个问题上，如果主要靠市场自发力量的调节，则难以从根本上缓解这个问题；然而，如果主要靠政府用传统的办法投资建设，那么囿于地皮、资金等，进度又偏慢。国务院办公厅于2016年出台的《关于加快培育和发展住房租赁市场的若干意见》提出，到2020年，基本形成保基本、促公平、可持续的公共租赁住房保障体系。时间紧，任务重，怎么办？

各地不妨借鉴杭州的办法，集思广益，多动脑筋，灵活采取多种措施，充分盘活现有资源，在保证安全的前提下，争取"短平快"地增加公租房的供应，满足外来务工人员等的迫切需求。另外，还可以从土地供应、税收优惠、财政补贴、金融支持等方面，出台更加有力、更加灵活的政策，给予更加宽松的环境，充分调动企业等社会力量建设、经营公租房的积极性，以有限的财政投入带动大量的集体投入、个体投入。比如，在企业较集中的地方，政府可以引导几家企业联合起来，和有闲置土地、房产的村集体、社区合作，共同建设、经营公租房，政府给予适当资助。

（原载《中国妇女报》2017年12月21日）

# 依法保障公民的健康权

2017 年 12 月提请全国人大常委会审议的《中华人民共和国基本医疗卫生与健康促进法（草案）》提出，国家和社会依法实现、保护和尊重公民的健康权，为实现全方位全周期维护人民健康提供法律基础。

很多人都有体会，健康（包括身体健康和心理健康）是美好生活的重要基础——一个人即使拥有优裕的物质生活，如果三天两头生病或有较严重的心理障碍，也很难感受到生活的美好。正因为健康状况决定了人基本生活的质量，随着改革开放以来生活水平的不断提高，人们越来越重视自己的健康，"没有健康就没有一切""健康投资是最划算的投资"等观念深入人心。所以说，从法律层面提出健康是公民的基本权益，充分反映了人民期盼更好地维护健康、过上更美好生活的愿望。

党和国家一向重视维护公民的健康。1982 年公布实施的宪法规定，国家发展医疗卫生事业，保护人民健康；1987 年施行的民法通则提出，公民享有生命健康权；2010 年实施的侵权责任法明确规定公民的民事权益包括健康权。我们从立法的进程可以看到，法律对公民健康权的规定越来越明确、保护越来越完善。

作为我国卫生与健康领域第一部基础性、综合性的法律，草案在提出健康是人的基本权益后，提出很多具体可行的措施来保障和促进这个权益的落实。比如，草案要求国家组织居民健康状况调查和统计，开展体质监测，对健康绩效进行评估；国家建立健康教育制度，将健康教育纳入国民教育体系；等等。以健康教育为例，目前，高血压、糖尿病等慢性疾病已成为居民健康的严重威胁，给国家、社会和家庭造成沉重负担。而不少慢性病是因为不健康的生活理念和生活方式导致的，假如我们将健康教育纳

入国民教育体系，从小就培养公民形成良好的健康意识和健康的生活理念、生活习惯，就有望逐渐降低慢性病的发病率。特别是草案提出，将本地区的公民主要健康指标的改善情况纳入政府目标责任考核，这个措施是很到位、很管用的硬措施。因为目标责任考核好比指挥棒，政府官员要想取得良好的政绩评价，就必须努力按照指挥棒指示的方向去做。将健康工作列为政绩考核的一个项目，可望有力促进各地政府更好地提供公共卫生服务，治理环境污染，建设生态文明，走绿色发展的道路。

总之，通过这次立法，利用国家强制力量，可以将写在纸面上、比较抽象的健康权切实落实到现实生活中，使国家和社会保障公民的健康权走上制度化、规范化的道路，从根本和长远上保障、促进公民的健康，意义重大。

2016年10月，中共中央、国务院发布了《"健康中国2030"规划纲要》，意味着维护和促进人民健康已上升为国家战略。当前，中国特色社会主义进入新时代，我国社会主要矛盾已经转化为人民日益增长的美好生活需要和不平衡不充分的发展之间的矛盾。各级党委、政府需要以迎接这次立法为契机，将促进健康的理念融入公共政策制定实施的全过程，加快形成有利于健康的生活方式、生态环境和经济社会发展模式，为人民过上更加美好的生活奠定扎实的健康基础。

（原载《中国劳动保障报》2018年1月5日）

# "留暗"的城市夜色更宜人

2017 年 11 月 15 日，浙江杭州市政府公布《杭州市城市照明管理办法》，明确提出除特定区域设置功能照明设施外，还应划定城市黑天空保护区，即因生态环境保护需要对人工光进行限制而划定的专门区域。

这些年来，一些城市各种夜景亮化工程纷纷上马、升格、扩容，导致夜晚越来越亮，有人认为这是城市有活力、现代化水平高的重要体现。杭州市作为沿海发达区域的大城市，却反其道而提出"留暗"，笔者认为，这是体现人、城市与自然和谐共生的科学规划。

过于明亮的城市灯光特别是光污染，对人类健康、生态环境等产生的不良影响越来越严重，已引起公众的关注。科学研究证实，光污染会扰乱人体的生物钟，增加罹患糖尿病、肥胖症、抑郁症、乳腺癌等疾病的风险。比如，光照会抑制人体褪黑素（它在调节昼夜节律及睡眠－觉醒方面发挥重要作用）的产生，由此诱发失眠症。灯光特别是光污染还会在不同程度上损害当地的生态系统。例如，干扰动物的繁殖、动物间的捕食与被捕食关系以及动物的定居与迁徙，改变大量物种的生活习性，影响动物对某些植物的授粉并导致该类植物的繁殖率下降，从而破坏生态平衡，威胁生物多样性。

此外，我国电力供应尚不充裕，部分城市在电力缺口较大时还会采取限时供电和拉闸限电的措施。过度的夜景亮化工程会消耗大量能源，增加碳排放，浪费宝贵的人力、物力和财力，不符合我国建设资源节约型与环境友好型社会的绿色发展理念。科技部公布的《全民节能减排——36 项日常生活行为节能减排潜力量化指标手册》显示，如果全国的户外景观灯（共约 600 万千瓦）在午夜至凌晨时段及时熄灭，那么每年可节电 88 亿千

瓦时，相应减排二氧化碳846万吨。

对城市照明进行分区建设、规范管理，除了能保护公众健康、维持城市生态系统，还是改善人居环境、提高城市宜居性、保障居民安宁感的有力手段。灿烂的星空给人们留下了对故乡无尽的美好回忆，然而，由于近年来一些城市的各种灯光越来越亮，导致城市上空常年笼罩在茫茫"光雾"中，美丽的星空比过去大大减色。随着物质生活的日渐丰裕，人们越来越重视对精神生活的追求。当衣食无忧的时候，能持续让人们保持愉快、充实、安宁的，也许并不是赚到更多的钱，而是呼吸到更清新的空气、观赏到更美丽的星空、享受到更多的休闲绿地……

现在，已有越来越多的城市注意到上述问题，提出在城市建设中留白、留绿、留旧等。这些"留"的精神实质，就是坚持以人为本，贯彻生态文明理念，保持城市的宜居性、文化品位及其发展的可持续性，避免大拆大建、盲目扩张。希望在不久的将来，注意"留暗"的城市越来越多。

当然，"留暗"不是说城市不能搞夜景亮化，而是坚持适时、适地、适度的原则，该亮的地方要亮，该暗的地方要暗，做到因地制宜、绿色环保和美化环境。

（原载《内蒙古日报》2018年1月22日）

# 从武大公开"护花"成本说起

眼下正值樱花盛开的季节。2018 年 3 月 20 日，武汉大学向社会公开了为接待游客进校赏樱的投入——每年约 600 万元，包括带人脸识别功能闸机系统的定制，流动卫生间的租用，安保人员、保洁人员、交通引导人员的聘请，受损环境的恢复，等等。

武大樱花全国闻名，曾创下一天接待 20 万人次的纪录，相当程度上影响了学校的教学生活秩序。为了控制人流，武大从 2013 年起收取每人次 20 元的赏樱门票，但此举不但没能挡住汹涌的人潮，还引发了网民"钱去哪儿了"的追问。从 2016 年开始，武大实行网络预约免费入校，2018 年又规定日最高限额 3 万人。没想到，这又催生了"黄牛党"网络预约代抢服务，收费 30～80 元，导致不少人难以正常预约。

窃以为，武大虽然是公办学校，但毕竟不是公园，是教书育人的重镇，有义务把维护良好的教学和生活秩序放在首位；而是否有责任免费开放供游人赏花，颇值得探讨。所以，如果武大重新用收费这个经济杠杆来控制人流、分担成本，并且不以营利为目的，符合生态产品有价、谁受益谁补偿的原则，似乎不值得苛责。当然，这笔钱的收入和开支明细应当明明白白告诉大家：一共收了多少钱；带人脸识别功能闸机系统买了几个，花了多少钱；请了多少名安保人员、保洁人员、交通引导人员，花了多少钱；流动卫生间租了多少个，花了多少钱……只要公开透明，相信公众自然能够理解。

此前网民质疑武大收门票的原因，正在于学校没有公布"护花"成本，让人怀疑武大借花牟利。这次该校公布了成本清单，情况就比较清楚了。总之，不论武大今后是否收赏花门票，要紧的是把有关情况向社会讲

明白，让公众感到他们的知情权受到了尊重，也便于公众监督这所知名的公办高校。

进一步说，在公众的持续关注下，如今政府的信息公开程度有逐年提高的趋势，但与公众切身利益密切相关、社会关注度比较高的公共企事业单位，如教育、医疗卫生、公共交通、供水、供电、供气等部门的信息公开程度和水平，似乎和公众的要求还有一定的距离。这些公共企事业单位与百姓的日常生活息息相关，它们的信息公开工作做得如何，同样直接影响百姓生活质量，值得引起有关方面的重视。

比如现在一些城市的公交车司机紧缺，影响市民出行，据说主要原因是司机的待遇不高，有的地方正酝酿提高票价。那么，公交车的具体运营成本是多少，包括油钱、司机工资等，公交公司不妨像武大一样，依法、据实、详细地向社会公布这些信息，以取得市民的理解和支持。

（原载《团结报》2018 年 4 月 14 日）

# 从健全"法制"向健全"法治"迈进

第十三届全国人民代表大会第一次会议通过了《中华人民共和国宪法修正案》。其中，宪法序言中"健全社会主义法制"修改为"健全社会主义法治"。

法制是指法律制度，古今中外的绝大多数国家都有这种制度，但不一定实行法治，比如我国封建社会的法制，就支持皇帝实行人治；而法治是指以民主为基础，根据良法治理国家和社会，法律具有至高无上的地位。所以，从"法制"到"法治"，一字之易，含义大不相同。1999年，"依法治国"被写入宪法，标志着法治这一宪法原则的确立，我国的法治建设进入新的阶段。此次宪法修正案作这样的修改，有利于进一步推进全面依法治国，建设中国特色社会主义法治体系，加快实现国家治理体系和治理能力现代化，为党和国家事业发展提供根本性、全局性、稳定性、长期性的制度保障。

2017年10月，党的十九大通过了《中国共产党章程（修正案）》，将总纲中的"健全社会主义法制"修改为"建设中国特色社会主义法治体系"，其意义也在于此。这次宪法修正案通过后，党章和宪法的相关表述达到一致，有利于全党、全国人民坚持走中国特色社会主义政治发展道路，把握全面依法治国的正确方向。

一字之易绝不只是简单的表面文章。对各地各部门来说，应当深刻认识到这一修改的重大意义，认识到这是我党依法治国理念和方式的新飞跃，并以此为契机，进一步厉行法治，加强法治观念，切实把宪法的规定和精神落实到实际工作中，加快建设法治政府、法治社会的步伐，推进科学立法、严格执法、公正司法和全民守法。

有一个实例能说明"法制"和"法治"的区别，以及改法制为法治的必要性和紧迫性。

2月初，全国人大常委会首次正式向有关地方人大常委会发送督办函，分别督促有关地方修改审计条例、计生条例，废止有关著名商标制度地方性法规。原来，2017年全国人大常委会经备案审查发现，在多个地方性法规中，"以审计结果作为竣工结算依据"的条款、"超生即辞退"条款、著名商标制度等，都存在违反上位法和立法精神的问题，于是致函要求地方对相关法规条文进行清理和纠正，但仍有不少地方落实不到位。为了维护法治的统一和权威，全国人大常委会正式发出督办函。

《中华人民共和国立法法》明确规定，制定地方性法规，不得违背宪法和违反上位法的规定。然而，有的地方没有严格依法立法，而当全国人大常委会已经发函要求整改时，仍然重视不够，究其原因，是没有坚持依法决策、科学决策、民主决策。这种违反上位法和立法精神的地方性法规，就是"法制"而不是"法治"。

在"依法治国"写入宪法已将近20年的今天，依然出现这样的问题，说明将"法制"真正变为"法治"，任重道远，绝不是宪法修正案改了就能自动实现了。全面依法治国首先是全面依宪治国，而宪法的生命在于实施。这次宪法修正案通过后，不折不扣地贯彻落实修改后的规定和精神，是当前和今后很长一段时间我们努力要做的一项重点工作。

（原载《公民与法治》2018年第9期）

# 美丽乡村不妨"土"一点

福建省住房和城乡建设厅于 2018 年 5 月 15 日发布了《关于公布第二批〈美丽乡村建设负面案例（二）〉的通知》，该通知指出，在美丽乡村建设过程中，一些地方仍然存在乡土特色不明显、水泥硬化过度等问题。

看了随通知发布的照片，的确让人感到别扭。比如有的村子铺了一个大水泥广场，白花花的一片煞是扎眼；有的村子在传统建筑的墙上抹水泥，不伦不类；有的村子的护坡用水泥硬化，导致寸草不生；等等。出现这类问题的主要原因，恐怕在于相关人员嫌农村"土"，不顾农村的实际情况，用建设城市的思维和套路来建设农村，以致造成东施效颦的结果，又在不同程度上破坏了自然生态。

美丽乡村建设是实施乡村振兴战略的一部分。1 月发布的《中共中央　国务院关于实施乡村振兴战略的意见》指出，实施乡村振兴战略，应当坚持人与自然和谐共生，落实节约优先、保护优先、自然恢复为主的方针。我们正在推行的农村城镇化，是要努力在农村基础设施、基本公共服务方面实现城乡一体化，如垃圾和污水处理、电信服务、水电气供应、文化娱乐等，以提高农村群众的综合素质和生活质量，而不是要让农村像城市那样推广水泥楼房、大广场、大理石栏杆等，弄得千篇一律、毫无特色。

乡村就要像乡村的样子，就要有乡村的味道。其实，乡村能勾起游子的浓浓乡愁，能吸引大量城市居民前往休闲，吸引在外工作、生活的乡贤投资家乡经济社会建设，关键就在于它的"土"，在于它和城市风貌风情的不同，在于其独特之处。甚至从一定意义上说，越"土"越好。当然，"土"不是破破烂烂、杂乱无章，污水乱流、苍蝇乱飞，而是保护好农村

自然生态，把人居环境搞得干净整洁，尽量用当地的土、木、石、竹等乡土材料修建公园、修整房屋、修路架桥，尽量保持原来山、水、林、田、池、草、屋的格局，尽量因地制宜、修旧如旧、保留田园风光。比如农民的房前屋后不一定都要统一栽树种草，种上菜，围上一圈竹篱笆，既美丽又实用；几口池塘清理干净，周边栽些树，堆几块当地的石头，地面修整一下，就是不错的小湿地公园；等等。

（原载《光明日报》2018 年 6 月 30 日）

# 扶贫贵讲实效

近年来，各地普遍开展农村"厕所革命"，很大程度上改善了农村群众如厕条件，成为最贴心的精准扶贫之一。然而，也有一些地方的农村改厕走了样，没有给农民带来实惠。新华社记者就在西部某县的一个村子看到，全村90多户人家，常年住在村里的仅20来户，却做了八九十个没墙没顶、根本用不上的蹲坑。

该县卫计局一位负责人解释，新建一个厕所不到3 000元，改厕资金由市、县两级财政各出1 000元，剩下的由农民自己承担。市级财政能保证，但县级财力捉襟见肘，所以厕所只建成了地面部分。

当地是国家级贫困县，县政府财政困难、出不起配套资金可以理解，但笔者以为，出现改厕流于形式这个问题的关键，主要不是财政资金紧缺，而是有关部门没有根据实际情况，机械地按户数"一个萝卜一个坑"，甚至在荒废的屋子前、道路边也做蹲坑，只管完成任务，不管群众有没有钱把剩下的工程做好，不管实际成效。正如当地一位村支书所说的那样，做这么多不能用的厕所，就是浪费钱，还不如集中财力建几个能用的。

这个现象提醒我们，在农村施行任何扶贫措施，包括改厕、修路、发展产业等，都应当站在群众的角度考虑问题，从当地实际出发，着眼于解决实际问题，着眼于给农民带来实实在在的好处，把好事切实做好，维护好农民的切身利益。那种形式化、机械化的扶贫，除了浪费宝贵的财政资金，还会影响农民奔小康的步伐，还不如不做。

因此，要想做好扶贫，就要着眼于建立长效机制，注重源头治理和系统治理，找准根子、对症下药，常抓不懈、久久为功。

（原载《瞭望》2018 年第 27 期）

# 用法治给公共安全加一道保险

2018 年 9 月 30 日，福建省人大常委会通过了新修订的《福建省物业管理条例》，该条例将于 2019 年 1 月起施行。届时，专项维修资金使用难等老大难问题有望迎刃而解。

不久前，福清市一小区高层起火，虽然陈女士及时发现了火情，但由于小区消防栓 4 年多来没水，延误了灭火，她刚装修几年的家被烧毁。这已是近年来该小区发生的第 3 起火灾。

修复小区公共安全设施需要动用专项维修资金。福州市相关管理办法规定，启用资金，应当经资金列支范围内专有部分占建筑物总面积 2/3 以上（含）的业主且占总人数 2/3 以上（含）的业主同意。出现消防设备故障等可能严重危及人身安全的紧急情况时，物业企业可先组织维修，再由住建局将工程决算书等材料在小区公示，业主异议人数未超过资金列支范围内专有部分占建筑物总面积 1/3 以上的业主且占总人数 1/3 以上的业主，才能通知银行划转维修资金。不过，不论是通过一般程序还是紧急程序，这个小区的业主否决了社区征求启用专项维修资金的意见，原因主要是业主不信任物业公司。而现行的《福建省物业管理条例》规定，属紧急情况时，可以由业主委员会决定专项维修资金的使用，但该小区没有成立业主委员会。这样，小区虽然长期存在严重的安全隐患，但在现有法律法规的框架内，隐患依然难以消除。

这次修订的《福建省物业管理条例》规定，发生危及房屋使用安全或者公共安全的紧急情况，如消防、安防等建筑智能化系统出现故障，不能正常使用时，物业服务企业应当及时通知业主委员会、临时物业管理委员会或相关业主，并立即组织维新更新或者采取应急防范措施。物业服务企业等可以向专项维修资金代管单位申请拨付审核。代管单位自收到申请之日起五个工作日内完成审核；逾期不审核的，视为同意。由于不再设置"同意的业主须占一定比例"的门槛，这就为紧急情况下专项维修资金的及时使用扫清了障碍。

专项维修资金由小区业主交纳，归全体业主共有，其使用应当由业主共同决定，这个原则在一般情况下无疑是正确的，体现了民主自治的原则，保证资金能用来造福全体业主。然而，如同福清这个小区的情况所显示的那样，受种种复杂的因素影响，民主投票有时会出现效率低下、决策结果对公共利益不利的弊病。当消防设施损坏，不能正常使用等紧急情况出现时，通过法定的紧急程序暂停业主的集体决策权，快速动用资金维修相关设施，也是为了造福全体业主，保障业主的生命、健康和财产安全。为了维护业主的民主权利，有关方面可以组织业主代表全程对维修过程进行监督，所有费用明细全部公开接受业主监督。

公共安全涉及公众生命、健康和财产安全，涉及公民最关心、最直接、最现实的利益，是最重要最基本的民生。尽最大努力保障公共安全是政府的基本职责，有关公共安全的工作一定要切实可靠。这个小区的例子和物业管理条例的修订给了我们一个启示：不论是国家层面还是地方层面，在立法、制定方针政策时，如果涉及公共安全的问题，都应考虑加上一道保险，确保在常规机制无法保障公共安全时，可以立即启动一个高效管用的紧急机制，从而确保群众的生命、健康和财产安全。

（写于 2018 年 10 月）

# 找准发展夜间经济和促进公民健康的平衡点

最近，"夜间经济"或"夜色经济"成为一个热词，成为一些地方特别是大中城市、沿海发达地区激发新一轮消费升级的一个重头戏，很多地方纷纷推出繁荣夜间经济的政策。

作为现代城市的一大业态，夜间经济一般指从下午6点到次日早晨6点进行的经济文化活动，包括餐饮、购物、娱乐、休闲等。促进夜间经济健康发展，对丰富居民生活、增加就业、繁荣经济、增强消费对经济发展的基础性作用等都是有益的。

然而，发展夜间经济也应把握好尺度。众所周知，熬夜有害健康，经常熬夜则会导致内分泌功能失调、消化功能紊乱、神经和免疫系统受损、患心脑血管疾病和癌症的风险增加等一系列问题，严重损害身心健康，是猝死的一个诱因。比如，部分人过夜生活常吃夜宵，容易诱发肠胃疾病、发胖、睡眠差等，如果大量饮酒则问题更多。正常情况下，成年人晚上11点左右就应当上床休息，这是养生常识，无须讨论。所以，不宜提倡居民晚上11点以后还在街上吃喝玩乐，因为如果此时还在街上消费，到家洗漱完毕上床休息就很可能过12点了。鼓励餐饮等实体店适当延长营业时间应当有个限度，不宜提倡通宵营业。须知，经常熬夜不但严重损害消费者健康，同样也会损害营业者、管理者等的健康。

健康对生活质量和生活水平的意义也是人所共知的。健康是幸福生活最重要的指标，健康是1，其他是后面的0。2016年10月，中共中央、国务院印发的《"健康中国2030"规划纲要》提出，推进健康中国建设，是实现人民健康与经济社会协调发展的国家战略，要把健康摆在优先发展的战略地位，将促进健康的理念融入公共政策制定实施的全过程。就是说，保障和促进公民健康是政府的法定义务。当前，我国公民健康总体状况尚不容乐观，患慢性病人数已接近 3 亿且不断增加，不少人尚未形成健康的生活理念、养成健康的生活方式，健康中国建设依然任重道远。随着经济社会的发展，人们的消费已从生存型向发展型、享受型转变、升级，消费需求日益个性化、多元化，政府有责任引导公民养成有益健康的消费理念和消费方式，促进高质量的消费增长。

发展经济的根本目的，是提高人民的生活水平，让人民过上越来越美好的生活。如果为了发展经济，付出公民健康水平下降的代价，又加大医保基金的压力，实在是得不偿失，既违背了新发展理念，也违背了政府抓发展的初衷。抓经济需要有全局观念、系统思维和长远目光，既要算眼前账，更要算大账、总账、长远账，政府需要在发展夜间经济和促进公民健康之间找准平衡点。

如今，发展经济不能以牺牲生态环境为代价的发展理念已日益深入人心，其实，污染环境、破坏生态平衡，有一个重要影响就是损害人们健康、威胁人们生命安全。那么，不能以牺牲人民健康为代价发展经济，也应当尽早成为各界的共识。

（原载《中国人口报》2019 年 1 月 28 日）

# 莫把历史文化名城当摇钱树

据住房和城乡建设部于2019年3月21日发布的消息，住房和城乡建设部、国家文物局近日对5个国家历史文化名城遭严重破坏的情况予以通报批评，并限期整改。

两部门评估检查发现，有5个城市存在在古城内大拆大建、大搞房地产开发、拆真建假、破坏古城山水环境格局等问题，导致历史文化遗存被严重破坏，历史文化价值受到严重影响。值得注意的是，早在2013年，两部门就因同样原因，对8县市进行通报批评，要求限期整改，"视整改情况，决定是否请示国务院将其列入濒危名单"。近年来，一些地方政府为"发展"而破坏历史文化遗存的现象屡禁不止，造成大量无可挽回的重大损失，令人痛惜。究其原因，主要可归纳为两大方面。

一方面，一些地方的政绩考核机制不科学，重经济增长轻历史文化保护。同济大学国家历史文化名城研究中心主任阮仪三曾指出，在全国110多个国家历史文化名城中，有近20个没有历史文化街区，有近一半历史文化街区不合格。一些地方重申报轻保护，把这个金招牌当作摇钱树，大搞商业开发。比如某地为发展旅游，没有对古城建筑进行原样原修，而是大片拆除老街区，同时新建仿古宅院，失去了原来历史文化的原真性。

另一方面，有关部门对违法违规行为处罚不力，导致一些地方缺乏对历史文化遗存的敬畏之心。《中华人民共和国文物保护法》明确规定，历史文化名城的布局、环境、历史风貌等遭到严重破坏的，由国务院撤销其历史文化名城称号；对负有责任的主管人员和其他直接责任人员依法给予行政处分。笔者认为，"历史文化名城"不应当是一个固定不变的终身荣誉，对那些地方政府保护不力、已受到严重破坏、名不符实的历史文化名城，就应当坚决撤销其称号，以儆效尤。对那些为了一时经济增长，不听专家意见和群众呼声、不顾文物保护法规、肆意破坏城乡历史文脉的地方官员，也应当坚决予以处罚。只有这样，才能有效杜绝那些以发展为借口毁坏历史文化的行为，保护好中华文化基因。

一个城市的历史文化遗存既是国家的宝贵财富，也是这个城市赖以保持其独特风貌和独特文化、避免千城一面的重要基础，弥足珍贵。而历史文化遗存的最大特点就是不可再生性，一旦损毁，花再大的代价也没法恢复原样。如果再不痛下决心，采取有力措施，坚决遏制破坏历史文化名城的行为，我们将愧对先人，愧对光辉灿烂的历史文化遗产。

（原载《经济日报》2019 年 4 月 3 日）

# 报纸成"药神"的警示

2019年1月10日，四川某报刊发的稿件中，一名言语障碍者竟然开口说话。"话音"刚落半个月，25日，河南某报一稿再次重演同样的"奇迹"，报纸俨然成了"药神"。半个月内连续出现同样的黑色幽默，说明这个问题不是个别现象，应当引起新闻界的认真反思。

这两个错误很低级，问题却很严重，因为它触及了新闻的底线——真实。新闻姓"真"，真实是新闻的生命，是新闻之所以成为新闻的必要条件，这已是公众的常识，更是新闻从业者的常识，是不可逾越的红线；一旦越过，这类稿件就没有资格称为"新闻"了。当然，由于采访活动受种种条件的制约和影响，要求所有的新闻报道都做到百分之百的准确无误，这也许不现实，但它应当成为新闻工作者毕生自觉和努力追求的目标，不能有意造假尤其应当成为新闻工作者绝对遵守的铁律。上述两个报道明显是有意捏造事实，是明知故犯、践踏职业底线，这就是问题的严重性所在。

相关新闻工作者之所以让言语障碍者"开口"，想来是为了让报道生动一些。可能他们认为，对于正面报道来说，只要保证大的方面是事实就行，细节上可以添油加醋，这样无碍大局，也可以让报道好看些。正是在这种糊涂的新闻理念指导下，有些采编人员平时会在报道的细节上涂脂抹粉，时间一长，就内化为职业习惯、行为模式，以致竟忽略了常识性的东西。想让报道精彩无疑是积极的态度，但前提是真实，特别是不能有意造假，否则再精彩的报道也没有价值，只会损害采编人员、其所在媒体和整个新闻业的声誉。

现在，纸媒遇到了危机，要想重新振兴，就需要在内容上下足功夫，需要一批恪守职业道德、敬畏事实、努力追求真相和真理的新闻工作者，为读者提供高品质的新闻作品，能真实、客观、全面、公正地为读者提供他们想知道和需要知道的东西。不管新闻业发展到什么阶段，不管对新闻工作者的素质提出什么新的要求，我们都需要时刻重视"追求真实"等最基本、最重要也最容易被忽视的东西，不被眼花缭乱的高新技术所迷惑。这永远是新闻工作者、媒体和整个新闻业安身立命的基础。

[原载《新闻战线》2019 年第 7 期]

# 对 "天价彩礼"，女青年可以说 "不"

"天价彩礼"是社会反响强烈的老大难问题，2019年中央 "一号文件" 首次点名要求治理，可见其影响之大。长期以来，人们多将焦点放在女方家长身上，笔者以为，作为 "天价彩礼" 核心当事人——女青年，可以也应当积极去破解这个难题。

"天价彩礼" 不但导致一些男青年不能成家，也导致部分女青年不能和自己喜欢的人成婚，从这个意义上说，女青年其实也是 "天价彩礼" 的受害者。

对女青年来说，婚姻幸福关系到自己一辈子的幸福，应当努力争取婚姻的主导权。首先，女青年应自强自立、自尊自爱，做自己命运的主人。其次，应认识到婚姻幸福的保障不是金钱，而是双方三观相合、情投意合——这已经为古往今来无数正反两面的事实所证明。再次，父母亲的意见当然要尊重，家庭关系也需要尽可能搞好。如果在有关各方做了大量工作后，父母仍坚持索要 "天价彩礼"，以至于阻碍自己和想嫁的人结合，那么，女青年就可以也应当有所作为，坚持追求属于自己的幸福。因为婚姻自主是法定的权利，是现代文明的标志之一，当亲情和法律之间的矛盾不可调和时，女青年应当勇于维护法律赋予自己的合法权益。事实上，只要她们愿意，就可以嫁给自己想嫁的人。只要小两口婚后多关心老人的生活，多帮助老人解决实际困难，耐心细致地做思想工作，毕竟是一家人，相信这个结还是可以解开的。

（原载红网，2019年6月3日）

# 农民精神振兴，乡村才能振兴

2019 年 4 月，中国人民大学艺术学院的师生来到浙江省宁海县葛家村，开展"艺术家驻村"试验。他们与农民碰撞、互动、融合之后，当地涌现了上百名"乡村艺术家"，昔日发展滞后的葛家村成了远近闻名的艺术村，引来了大量游客，加快了当地经济的发展。

农民是农村的主人。乡村振兴，农民起主体作用，是主要实践者和主要受益者。当前，乡村振兴面临的最大问题之一，是一些地方的农民主体意识不强，内生动力不足，靠自己的双手促进乡村振兴的信心和决心不够。即使在政府的强力推动和干部的艰苦努力下，一些乡村消除了绝对贫困，打下了产业发展的基础，改善了生态和人居环境，初步建立了现代乡村治理体系，由于农民没有持续和积极地参与、融入、推动乡村振兴，一时取得的成效也可能慢慢消失。推动乡村振兴，促进农民精神振兴比改善物质生活难度更大，但前者挖的是穷根，管的是长远，意义更大，值得引起有关方面的重视。

因此，推动乡村振兴，关键是推动农民精神振兴，把农民的内生动力充分激发出来，使他们充满主人翁意识和积极进取精神，变"要我振兴"为"我要振兴"，有信心、有决心通过自身努力，改变家乡落后的面貌。中国人民大学的师生指导葛家村村民因地制宜、就地取材，把原来脏乱的村庄设计改造得充满乡土味和艺术味。这种艺术实践，不但提升了村庄的品位，更重要的是，唤醒了村民的主体意识，使他们参与集体事务的积极性大大增强，村民之间由于合作改造庭院等原因，关系变得更和睦了。比如，葛家村里竖着的光秃秃的电线杆不好看，村民们就集思广益，自己动手设计了 11 种不同形式的小花坛，把电线杆点缀起来，连中国人民大学的

教授看了都赞叹不已。再如，大型竹艺灯"葛家之光"，把竹子的一端切成一丛竹丝，灯光从里面透出来，形成梦幻般的效果。让人难以想象，这是出自一位从未接受过正规艺术教育的地地道道的村民葛国青之手。葛家村的实践充分证明，农民有意愿、有能力通过自身的行动推动乡村振兴。

总之，只要我们找准切入点，因地制宜，努力调动广大农民的积极性、主动性、创造性，引导农民认识、发掘自己的智慧和力量，他们就会焕发出惊人的潜力、创造力，积极投身农村的经济、政治、文化、社会和生态文明建设。如此，乡村全面振兴就大有希望。

（原载《中国社会报》2019 年 12 月 9 日）

# 报纸不是明日黄花，新媒体也非救命稻草

即将过去的 2019 年，又有包括《成都晚报》《三晋都市报》等在内的一批报纸停（休）刊，"入冬"纸媒寒意浓。

不少人说，纸媒"入冬"的根在于，这种媒介形式已越来越不适应时代的发展，已越来越不能满足受众的需求，新媒体的活跃加快了这种趋势的发展。窃以为，问题的关键不在纸媒这种形式，而在其刊载的内容。近年来，由于种种原因，部分报纸对于多数读者想知道、应当知道的东西常常不登，特别是很受欢迎、属于报纸核心竞争力的几大块——全面深刻的深度报道、见解独到的新闻评论、公正有力的舆论监督和耐读又富有人文情怀的副刊作品严重缺乏；而多数读者不想知道、不必知道、快餐式碎片化的东西充斥版面。另外，报纸数量偏多、内容重复，导致市场过剩。而部分报纸如《参考消息》《环球时报》《南方周末》等依然很受欢迎，主要原因也正在于它们的内容让读者喜闻乐见。

报纸、广播、电视、新媒体各有各的不可替代的优势，可以互相竞争、彼此促进、共同发展。新闻业的历史表明，迄今为止，还没有一种旧媒介因新媒介的出现而退出历史舞台。比如综合了图像、声音和文字的电视出现时，很多人预言，以声音为传播介质的广播必将消亡，结果如何大家都很清楚。与其他媒介相比，报纸拥有诸多优势：历史最悠久，在全社会形成了根深蒂固的阅读习惯；在白纸黑字的心理作用下，可信度最高；阅读界面友好，可以很方便地反复细细品味，不易伤眼，不像手机阅读那样需要频频点击、上下移动页面；便于保存，可以很方便地查阅旧内容；等等。可以说，只要报业经历一番严冬的洗礼，必将迎来新的春天。

我国目前的新闻 App 虽有上千种，表面上很热闹，真正叫好又叫座的

却屈指可数，其中一个关键原因，也在于内容的问题。新媒体再新，也只是一种技术、一种形式，也是为内容服务的，不能脱离内容而独立存在。如果报道内容空洞乏味，评论只是老生常谈，就算用全媒体来包装、融合，花样再多、技术再高，照样没有受众。中华全国新闻工作者协会新媒体专业委员会副主任委员曾祥敏教授，在评析 2018 年首次设立的中国新闻奖媒体融合奖时指出，参选作品在新闻性、现场性方面差强人意，把技术、内容和形态有机结合起来、体现融合发展的高水平作品还不多；在评点 2019 年的中国新闻奖媒体融合奖时他再次表示，很多作品缺乏叙事的完整度和深度，尤其是对新闻的发掘乏善可陈，有一些作品只有躯壳，没有实质。这是很值得大家反思的警钟。其实，不论是传统媒体还是新媒体，"内容为王"永远都是真理，因为受众无论接触何种媒体，他们最感兴趣的始终是内容而不是形式。

令人忧虑的是，一些报社认为纸媒已是迟暮美人，同时过高估计了新媒体的作用，甚至将之当作救命稻草，逐渐把主要资源和精力转移到新媒体，忽视了报纸本身的改革发展，导致本报可读性持续下降，传播力、引导力、影响力、公信力每况愈下，与读者渐行渐远。与此同时，由于没有对新闻采编机制进行根本革新，导致新媒体发布的内容也不出彩，换汤不换药。如果不及早重视这个问题，可能会出现这种情况：报纸这块传统阵地丢了，投入大量人力、财力的新媒体又没有办好。

所以，对一家报社来说，拯救危机的关键是在传播内容上下硬功夫。不论是报纸还是新媒体，都应当积极改革内容生产的体制机制，减少数量、提高质量，努力为受众提供高品质、丰富多彩的内容，不断提高贴近性和可接受性，实现报纸和新媒体之间的良性互动、比翼齐飞。

（原载《中国新闻出版广电报》2019 年 12 月 19 日）

# 让公职人员办公事也少跑路

山东省高密市财政局推行财政业务"一柜通"综合服务改革，采用"一个窗口办理，一个柜台办结，一条龙服务"模式，大大提高了办事效率，方便了来办事的政府工作人员。

近年来，我国各地的"放管服"改革取得良好成效。简政放权、放管结合、优化服务，原本是"公对私"而言的，旨在推动政府职能深刻转变，向市场放权、为企业松绑、促百姓受益，从而激发市场乃至全社会的活力、创造力。然而，事实上，各级政府之间、政府各部门之间、事业单位和政府各部门之间等，也就是"公对公"之间，也有很多公事要办理，同样存在如何简化流程、优化服务、提高效率、方便办事者、节约经费等问题。随着经济社会的发展、"放管服"改革的全面深化，这个问题日益凸显，引起一些地方、部门的重视。

比如，过去高密市民政局到财政局申请五保户供养经费，周期长、手续多、跑腿多。2018年6月财政局推出"一柜通"服务后，开放的柜台如同无形的监督，压缩了财政各科室在资金审批分配中的自由裁量空间，进一步削减了各种"隐形权力"。如今民政局工作人员只需一次上门申报资金，原来需要5日办理的业务当天就能办完，资金到位时效大大提升，五保户也能更快领到生活费。据报道，像高密市这样，在关系政府运转效能的财政资金收支管理方面，不少地方探索新路，努力实现申领预算、缴纳资金等财政业务也最多跑一次。安徽省合肥市财政局进一步实行预算单位用款计划全程网上申报审核，相关部门的办事人员连一趟都不用跑。

实际上，政府各部门、各事业单位都是为公共利益服务、为人民群众服务的，所以，各部门、各单位之间办理公事程序繁复、效率低下，说到

底，损害的还是公共利益和人民群众的利益。"放管服"改革从"公对私"向"公对公"纵深推进，最终受益者和最大受益者还是公共事业、人民群众和全社会。

"放管服"的精神实质就是政府最大限度地削减不必要的权力，最大限度地规范权力的运行，最大限度地提高行政效率，最大限度地方便服务对象。这一点不论对公对私都是一样的。"公对私"改革和"公对公"改革可以互相借鉴、彼此促进，共同为早日建成服务型政府、法治型政府和阳光型政府努力。比如政府各部门之间原来各自独立的"信息孤岛"逐渐联通后，其成果既可以方便企业和百姓，也可以方便政府部门、事业单位等。更重要的是，"让信息数据多跑，让办事人员少跑"这类改革，能够有效培养广大公职人员的公仆意识、法治意识和效率意识等，更有力地推动"放管服"改革全面、纵深前进。

（原载《中国劳动保障报》2019 年 12 月 27 日）

# 保护绿孔雀就是保护我们自己

2020年3月20日，云南省昆明市中级人民法院作出一审判决：为保护绿孔雀的栖息地，玉溪市境内的戛洒江一级水电站立即停建。至此，这起持续近3年的全国首例野生动物保护预防性环境民事公益诉讼案，有了初步结果（笔者注：2020年12月云南省高院二审维持原判）。

一方面，戛洒江一级水电站是云南红河（元江）干流梯级综合开发的"龙头"，规划总装机容量27万千瓦，预计建成后可实现年产值超1亿元，年税收1 200多万元。该电站2016年开工，动态总投资约39亿元，目前已投入10亿多元。单纯从经济的角度看，如果该项目永久停建，不论对建设单位还是GDP尚不足2 000亿元的玉溪来说，都是不小的损失。

另一方面，绿孔雀曾广泛分布于东南亚和我国多个省份，目前仅见于云南，数量不足500只，且有持续下降的趋势，属国家一级保护动物，世界自然保护联盟将其列为濒危物种。如果戛洒江一级水电站持续建设，这片最大、最完整的原始绿孔雀栖息地将面临灭顶之灾——事实上，在位于水电站淹没区的原始热带季雨林中，还有国家一级保护植物陈氏苏铁等大量珍贵的动植物。如果这片红河流域仅存的保存尚完整的原始热带季雨林被毁，造成的巨大的综合性损失将难以用金钱来衡量。

热带季雨林作为古近纪（距今6 500万年至2 350万年）以来延续至今的孑遗植被，除了能发挥森林通常具有的调节气候、保持水土、净化空气、保护物种等多方面的作用，还具备独特的生态功能和科研价值。绿孔雀等珍稀动植物除了观赏价值高，对维护生物多样性和生态平衡也具有重要意义。生物多样性具有很高的开发利用价值，是人类赖以生存和发展的物质基础，我们的衣食住行和工业原料绝大部分离不开它；生物多样性还

有利于维护生态系统的稳定，从而为人类提供良好的生活环境，因为生态系统内的物种越丰富，可以替代灭绝者生态功能的生物就越多。另外，珍稀动植物保留了独特的遗传信息，在科研上有不可替代的重要价值，如陈氏苏铁已有 2 亿多年的历史，是研究地理和气候变迁的"活化石"。

物种一旦灭绝便不可再生。生物多样性持续下降，意味着人类能够借以不断提高生产生活水平、维护生命健康的因素持续减少，人类生活其中的生态环境不断恶化，人类的生存将面临日益严重的威胁。比如，直接和间接用于医药的生物已超过 3 万种，大量生物逐渐灭绝，意味着人类可以用来治疗各种疾病的机会不断流失。可以说，保护生物多样性、保护生态环境就是保护人类自身。

我国生态环境脆弱，局部区域因开发建设导致的生态退化等问题比较严重，生物多样性下降的总趋势尚未得到有效遏制。因此，保护环境是我国一项重要国策，应当切实贯彻到一切生产活动中。当然，人们利用自然、改造自然，提高自身的生产生活水平、促进全面发展也是必要的；光讲保护生态，不讲人类发展，是不符合实际的。

修铁路、开矿山、建水电站等生产活动，难免会对生态环境造成一定影响，关键是开工前要通过严密、科学的论证，在生态效益、经济效益和社会效益之间寻找一个平衡点，确保工程不会对生态环境造成严重破坏，不逾越当地生态保护的红线、底线。昆明市中级人民法院的这个判决，传达了这样一种理念：如果找不到三个效益之间的平衡点，如果当地的生态安全得不到保障，相关工程就不应当上马，哪怕为此导致巨大的经济损失。

（原载《福建日报》2020 年 4 月 18 日）

# 会花钱是政府的基本功

新华社记者调研发现，因资金使用标准模糊、审计监督严格等原因，一些地方政府"为不花错钱，宁愿不花钱"。例如，全国"职业技能提升三年行动"已开展一年多，而某省80多亿元的专账资金目前只花出3.08%，资金使用进度严重滞后。

近年来，大笔财政资金甚至扶贫资金趴在地方账户"睡大觉"的情况屡见报道。就在2020年6月，国务院关于2019年度中央预算执行和其他财政收支的审计工作报告就指出，审计18个省发现：由于项目安排不合理或停止实施等，有503.67亿元新增专项债券资金未使用，其中有132.3亿元闲置超过1年。大家都知道，财政资金很宝贵、很有限，是促进经济社会发展、改善民生、保护生态等的重要保障。政府该花的钱没有及时花出去、花到位，就会在不同程度上影响相关工作的开展。特别是在关键领域如扶贫、特殊时期如"六稳六保"，上级下达的资金没有及时、有效花好，将会造成较大的损失和不良影响。

会花钱、花好钱是政府的基本功，是体现其治理能力、治理水平的重要指标。俗话说"事在人为""办法总比困难多"，人的主观能动性是解决问题的关键。只有相关工作人员积极作为、科学决策，才能让财政资金及时、充分发挥出最大的效益，促进发展、造福百姓。比如，2020年上半年，江苏盐城的财政、人力资源和社会保障等部门联合会商，群策群力，出台了疫情期间鼓励线上培训、补贴中小企业技能培训等多个办法，向社会征集职业技能培训补贴工种，明确了补贴对象、标准和程序，及时支出各类技能培训补贴资金近1 800万元，有效满足了企业和社会的急需。当

然，有关方面也需要建立和完善容错机制等，让真正想干事的干部轻装上阵，把主要心思和精力花在如何干好事上。

（原载《福建日报》2020 年 8 月 22 日）

# 让越来越多的人共享城镇化发展红利

　　"十三五"期间，我国户籍制度改革进展顺利。2013年到2019年，常住人口城镇化率（城镇常住人口占总人口比重）从53.73%提高到60.60%，户籍人口城镇化率（城镇户籍人口占总人口比重）从35.7%提高到44.38%；1亿多农业转移人口和其他常住人口提前实现市民化，基本完成《国家新型城镇化规划（2014—2020年）》的预期目标。

　　城镇化是随着工业化发展，非农产业向城镇集聚、农村人口向城镇集中的过程，对解决"三农"问题、保持经济持续健康发展、加快产业结构转型升级、促进社会全面进步和提高人民生活水平，均具有重要意义。从近年来城镇化率的提升速度看，我国稳居世界城镇化进程第一梯队。

　　在看到成绩的同时，我们也应当清醒认识到，我国城镇化仍存在一些问题，城镇化质量有待提高。例如，城镇发展不平衡；实行城乡统一的户口登记制度后，一些地方附在户籍制度上的公共服务、福利没有实质变化；等等。特别是作为衡量城镇化质量关键指标的户籍人口城镇化率，长期较大程度地滞后于常住人口城镇化率，2015年至2019年，前者始终落后于后者16.22个百分点左右。这说明，近年来农民工市民化的增速与进城农民工的增速大致持平，在及时消化方面没有明显突破。

　　大量常住城市的农民工没有真正扎下根，产生了不少社会问题和矛盾。加快农业转移人口市民化，努力提高户籍人口城镇化率，对于繁荣国内经济、畅通国内大循环意义重大。农民工及时在城市落户后，对他们来说，可以享受到较好的教育、医疗、养老和住房保障等基本公共服务，通过转移就业提高收入，有意愿、有能力提高消费水平，从而源源不断释放出消费潜力；对城市来说，可以为发展现代产业获得稳定、成熟的劳动力

供给，激发城市基础设施、公共服务设施建设等巨大投资需求。这些都会为当地经济社会发展提供持续的强劲动力。

国家发展和改革委员会于 2020 年 4 月出台的《2020 年新型城镇化建设和城乡融合发展重点任务》提出，坚持新发展理念，加快实施以促进人的城镇化为核心、提高质量为导向的新型城镇化战略，提高农业转移人口市民化质量。在这方面，各地也有不少积极实践。例如，福建省于 2020 年 6 月出台《关于深化户籍制度改革促进基本公共服务均等化的若干措施》，从促进进城务工人员随迁子女享有平等教育权利、推出更有力的住房服务保障举措、促进更广泛充分的就业等多方面入手，要求各地加快城市（镇）的基础设施和公共服务设施建设，完善公共服务体系，确保农业转移人口进得来、留得下、有保障、能发展。

当前，我国仍处于城镇化较快发展的阶段，与发达国家相比，我国城镇化率特别是户籍人口城镇化率仍有较大的提升空间。新型城镇化是数量和质量统一的城镇化，其核心目标之一就是增强城市综合承载能力，提高户籍人口城镇化率。政府应当加大"人地钱挂钩"等配套政策的激励力度，提高城市主动吸纳农业转移人口落户的积极性；加快推进城乡融合发展，进一步深化改革户籍制度和基本公共服务提供机制，让越来越多的人能共享城镇化发展红利。

（原载《中华工商时报》2020 年 10 月 20 日）

# 多请群众当政府工作的考官

2021 年 1 月 4 日至 6 日，内蒙古自治区包头市政府召开政府部门述职报告会，首次公开向市民报告、听市民意见、请市民评议。市民评议结果将由第三方统计，按一定权重分值，计入参与述职活动单位领导班子年度考核总成绩。

政府工作做得好不好，比如义务教育质量如何，看病是否方便，房价是否合理，空气是否清新等，直接关系群众的现实、切身利益，群众可谓感同身受，最有发言权。所以我们常说，各级政府和干部要把人民满意不满意、赞成不赞成作为衡量一切工作的根本标准。然而，如果没有一套切实可行的具体的制度来保障，这个衡量标准就难以落实，往往成为会议上的空话、总结里的套话、视察中的场面话。

2020 年 10 月 24 日，中共中央组织部印发《关于改进推动高质量发展的政绩考核的通知》明确提出，引导领导干部践行以人民为中心的发展思想，把为民造福作为最重要的政绩；增强政绩考核群众参与度，在政绩考核中充分反映群众感受、体现群众评价。包头市这次召开的政府部门述职报告会，就是改革政绩考核方式的积极探索：市民评议结果直接关系部门班子和干部考核等次。比如，对评价"满意"票数较高的部门班子，年度考核优先评为优秀等次；对评议结果较差的，年度考核直接评为较差等次，对领导班子进行调整。这种制度安排，可以让群众更有力地监督政府，让群众对政府和干部的考核也有实质性的话语权，也就是把"人民满意不满意"作为衡量一切工作的根本标准落到实处，将抽象的原则转化为切实可行并且大家都看得见、感受得到的具体措施。这种积极的探索，可以让政府和干部真正把群众利益放在第一位，平时经常到基层去察看、了

解真实情况，主动、广泛、充分听取广大市民的意见和建议，真正弄清楚市民不满意的地方有哪些，并且积极地去改善或解决相关问题。

切实贯彻把"人民满意不满意"作为衡量一切工作的根本标准，相关的制度设计需要科学、管用，让群众真切感受到政府保障人民当家做主，充分尊重民意，努力加强与群众沟通互动，不断改进工作的诚意，从而和政府齐心协力，共同推进经济社会发展。就包头市这个试点而言，听述职报告的市民代表如何选择才能保证真实民意，市民代表如何填评议票才能确保其表达真实意思，评议结果如何确保不折不扣地用到政府部门和干部考核中，等等，这些都需要有关方面认真考虑、有力执行，并根据试点情况不断健全相关机制。

［原载《实践（思想理论版)》2021 年第 2 期］

# 不断增强人民的存在感

全面建成小康社会取得伟大历史性成就，脱贫攻坚目标任务如期完成。此时，增强人民存在感的问题，应当引起更多的关注。

不论是获得感、幸福感、安全感，还是存在感，都是指人相应的需求得到满足的程度。比如，对生命财产安全的需求得到满足，就会产生安全感，反之则缺乏。人的需求大致可分为生理需求和精神需求，并且总体上由低到高分层次发展。前者主要指人为维持生存在衣食住行方面的需求；后者主要指对生命财产安全的需求，对爱情、友情、亲情等情感和对集体归属感等的需求，对获取和维护自尊、充分发挥潜能以实现全面发展的需求，如才干、成就、地位、名声、影响力等。存在感属重要的、较高层次的精神需求。它大体可分两种：一种指公民在家庭、小社团、朋友圈中，感受到的自己的地位、声望、影响力，属于私人生活领域；另一种指公民在国家、社会、社区、公司单位等公共生活领域中，感受到的自己被关注、肯定和支持的程度。这里只讨论后者。

衣食足而知荣辱。当一个人生活无忧后，其主体意识、对尊严的追求欲等就会被激活或强化，往往会进一步希望自身的公民权利、政治权利等能得到更有力的保障，希望更深入地参政议政，说的话有人听、能影响决策、能促进问题解决和社会进步，等等。这种需求的产生是客观规律，是公众期盼越来越美好生活、追求全面发展和充分实现自我价值的必然要求，应当受到认真对待、积极回应。我们可以看到，改革开放以来，人民的公民意识、民主权利意识不断增强，产生全国性积极影响的公民维权案例层出不穷。

如果一个人收入较高、文化生活也较丰富，但他的民主政治权利得不

到落实，政府、社区、公司单位的重大决策事前不征求他的意见，他的建言无人认真受理，仿佛他是一个可有可无者，他感到自己被忽视，其存在感就会大打折扣，对公共事务、公共利益的关注度和参与度也会降低。比如，对市民日常出行这个事关民生的重要决策，政府如果事先不征求市民意见，会让他们觉得没有受到应有的尊重，市民感觉自己是城市建设和管理的局外人，就不愿意和政府齐心协力，共同推动各项事业的进步，这无疑不利于当地的发展。当前，国际环境相当复杂，国内发展不平衡不充分问题依然突出，改革发展稳定任务依然艰巨繁重，我们更需要充分尊重人民的主人翁地位，最大限度地激发人民参与各方面建设的积极性、主动性、创造性。

《中华人民共和国国民经济和社会发展第十四个五年规划和 2035 年远景目标纲要》明确提出，到 2035 年，人民平等参与、平等发展权利得到充分保障，人的全面发展、全体人民共同富裕取得更为明显的实质性进展。只有切实加强人民当家做主的制度保障，使各方面制度和国家治理更好体现人民意志、保障人民权益，才能让人民在当家做主、建功立业中，真切感受到自己的存在、自己的智慧和力量，从而为经济社会发展作出更大贡献。

（原载《社会科学报》2021 年 3 月 29 日）

# 提升国民对精神生活的满意度

2021 年 1 月，《中国国民心理健康发展报告（2019—2020）》出版。该书表明，与 2008 年的调查结果相比，公众对物质生活质量的满意度明显提升，对精神生活的满意度则没有明显变化。

这十多年来，我国经济建设成效显著，2010 年成为世界第二大经济体，2020 年经济总量突破 100 万亿元，人均国内生产总值连续两年超过 1 万美元。当前，我国脱贫攻坚战取得全面胜利，全面建成小康社会取得伟大历史性成就，这应当是公众对物质生活的满意度明显提升的主因。

影响精神生活满意度的因素有多方面，比如一个人的心理健康水平和文化素养、社会的精神卫生服务体系和公共文化服务体系等。其中，心理健康水平直接影响一个人日常是否能经常感到充实、愉悦，是影响精神生活满意度的重要因素。

心理健康水平和收入有一定联系，但又有相对的独立性，并不是钱越多就越开心。在生活中，我们可以看到，有的人家财万贯，却常常愁眉不展；有的人经济条件一般，但心理健康，想得开、看得开，能随遇而安、珍惜眼前，所以生活得有滋有味、有说有笑。《中国国民心理健康发展报告（2019—2020）》指出，月收入 2 000 元以下人群的心理健康水平显著低于其他人群，但对于中等收入以上的人群，收入升高对其心理健康水平没有明显改善。这十多年来，公众对精神生活的满意度并没有简单地随物质生活水平的提高而提高，这可能是一个重要因素。

全面建设社会主义现代化国家，根本目的就是要满足人民日益增长的美好生活需要，它不但包括物质生活方面的需要，也包括精神生活方面的需要。促进人的全面发展和社会全面进步，让人民获得感、幸福感、安全

感更加充实、更有保障、更可持续，不但需要继续抓好经济建设，使全体人民共同富裕取得更为明显的实质性进展，还需要更加重视努力提高人民心理健康水平，丰富人民的精神生活。经验证明，人作为具有丰富情感和较高精神需求的高等动物，虽然物质生活、精神生活都能让人感觉快乐，但后者给予人的愉悦感通常会更深刻、更广阔、更持久。

《中华人民共和国国民经济和社会发展第十四个五年规划和 2035 年远景目标纲要》提出，把保障人民健康放在优先发展的战略位置，全面推进健康中国建设，为人民提供全方位全生命期健康服务。健康包括身体健康和心理健康，全面推进健康中国建设，两方面的健康都需要抓好。身体健康的重要性，有正常认知能力的成年人基本能认识到；但对心理健康，仍有部分人漠然置之，比如，抑郁症已被称为人类第二大"杀手"，而目前我国抑郁症识别率仅约 30%，就医率仅约 10%。

《中国国民心理健康发展报告（2019—2020）》显示，我国心理健康服务在便利性、满意度等方面还有很大的提升空间。例如，受访者对心理咨询服务的满意度不足 2/3。为此，我们需要积极实施全民心理健康促进行动，完善心理健康和精神卫生服务体系，加强专业队伍的培养，加大心理健康科普力度。根据《中国国民心理健康发展报告（2019—2020）》，除了低收入人群心理健康状况不佳，中部和西部地区的抑郁水平也显著高于东部地区和东北地区。因此，我们需要特别加强对低收入群体、中西部地区的心理健康服务。

（原载《中国信息报》2021 年 4 月 6 日）

# 也需防老人沉溺网络

随着智能手机逐渐普及，不少老人也深陷网中，社交媒体上有网友吐槽："往年春节年夜饭是爷爷'三顾茅庐'叫孙子吃饭，今年反过来了。以前喜欢下几盘象棋的老爸，自从换了智能手机就变成了'低头族'，热衷'刷'短视频到凌晨、用虚拟步数和拉人头'换钱'、用游戏金豆换粮油……"

《2020老年人互联网生活报告》显示，60岁老年用户日均使用App的时长达64.8分钟，比40～60岁（含40岁）年龄的用户多16.2分钟，也高于所有用户平均水平。这说明，不少老人在网上投入的时间已不亚于年轻人，并形成固定的网络生活轨迹。报告还显示，约有10万名老人严重依赖网络，日均在线超过10小时。报告显示，和年轻人相比，老人对网络互动和激励奖费更加敏感和偏爱，他们日均领取2732枚"金币"，高于20～40岁（含20岁）用户的2023枚、40～60岁（含40岁）用户的2142枚。一些不法分子正是利用这个特点对老人实施网络诈骗。

老人会操作智能手机，确实在较大程度上填补了他们退休后常常感到无事可做的空虚，丰富了精神生活，方便了衣食住行，增强了社会参与感，提高了幸福感；但事物都有两面性，老人一旦沉溺网络，又出现了许多新问题。比如，老人的眼睛、背部、腰部、腿部等的机能本来就已衰退，如果再一天到晚玩手机，不按时吃饭、休息，不出去运动，相关身体器官会受到更加严重的损害，很不利于身体健康。老人年纪大了，认知功能、控制能力等本来就有不同程度下降，一旦终日沉浸虚拟世界中，容易进一步加剧理性判断力的丧失，容易受到网上一些虚假养生、医疗、理财等信息的蛊惑，比如花很多钱买大量不实用的保健品、保健仪器等，造成

重大财产损失，产生诸多家庭矛盾。老人沉溺在网络中不能自拔，不出去参加必要的社交、娱乐活动，大大减少了和家人的交流，也导致自己与他人包括家人的关系日益疏远，与现实社会隔阂日深。凡此种种，均会在不同程度上影响老年生活质量和生活水平，这已见诸不少报道。

《第47次中国互联网络发展状况统计报告》显示，截至2020年12月，我国网民规模达9.89亿人，其中60岁以上网民占11.2%，总数超过1.1亿人。随着我国老龄化程度不断加剧，这个群体还将不断扩大。长期以来，我们担心老人被"数字鸿沟"所阻挡，离现代化生活越来越远，近年来，在社会各界共同努力下，会玩智能手机的老人越来越多。因沉溺网络脱离现实，其受害程度有时甚于因"数字鸿沟"脱离现实。随着2G网络在未来几年退场，智能手机日益普及，我们在继续帮助更多老人跨越"数字鸿沟"、更好享受现代化生活的同时，有必要高度关注"老年网瘾"的问题，及时采取必要措施，进一步关爱老人，引导老人理性上网，引导他们趋利避害，减少对手机和网络的过度依赖。有关方面应组织专门力量，深入研究老人的身心特点，积极开发适老化网络产品，更好保障老人的网络权益。

（原载《中国劳动保障报》2021年6月11日）

# 促进城乡人口均衡发展

最近，各地陆续发布了第七次全国人口普查数据。和10年前相比，不少大城市人口增长较快。例如，深圳以713.61万人的增量、68.46%的增幅，西安以448.51万人的增量、52.97%的增幅，引发关注。

从全国范围看，人口继续往经济发达的一些大城市集中，长三角、珠三角、成渝城市群和西安的人口增长尤为迅速；从一个省份看，人口同样呈现往省会城市、计划单列市等少数大城市较快集聚的趋势。应当说，这是新型城镇化不断推进的必然结果。当然，也需要警惕人口过多地集中于少数一些大城市，以及由此导致的相应各类资源过于集中，因为这不利于促进区域协调发展、新型城镇化可持续发展和大城市本身长远发展，尤其在全面推进乡村振兴的大背景下，这不利于乡村吸引和留住人才。例如，成都市2020年常住人口突破2000万，占四川省人口的比重达25.02%。该省有21个地级市（州），全省超1/4的人口集中在一个城市，这恐怕不完全是一件好事。

一定时期内人力资源的总量是有限的。进城的多了，下乡留乡的必然就少了。推进新型城镇化和全面推进乡村振兴，在吸引人才方面的确存在一定矛盾，这是不容回避的事实。我们既要持续推进新型城镇化，又要防止人口过多往城市尤其是大城市集中，促进城乡人口、大城市和中小城市人口均衡发展，把握好平衡点。

全面推进乡村振兴和推进新型城镇化，都是全面建设社会主义现代化国家的重要内容。新型城镇化本身就要求城乡一体、产业互动，大中小城市、小城镇、农村社区协调发展，因此，全面推进乡村振兴和推进新型城镇化，需要城乡一体化统筹，实现二者达成互促共进、融合发展的良性循环。同时，全面建设社会主义现代化国家最艰巨最繁重的任务、最广泛最

深厚的基础，都依然在农村，因此需要坚持农业农村优先发展。这就要求我们在促进城乡要素自由流动、平等交换和公共资源合理配置的基础上，促进各类要素更多地向乡村流动，为乡村振兴注入新动能新活力。而在各类要素中，人是最重要、最活跃、最有创造力的因素。

与乡村比，多数城市由于经济发达，信息灵通，交通便利，文化生活丰富，社会保障有力，特别是教育、医疗占据绝对优势等，发展机会多，特别能吸引青年人。而对不少乡村来说，由于产业不振、交通落后、文化生活匮乏等原因，空心化严重，青壮年大量流失，人才难引进难留下，而缺乏人力资源又导致产业更加凋敝等恶性循环。中共中央办公厅、国务院办公厅于2021年2月印发的《关于加快推进乡村人才振兴的意见》，开篇第一句就是"乡村振兴，关键在人"，可见人力资源对乡村振兴的重要性。

城市建设需要人才，乡村振兴更需要人才。有关方面应当引导城市按照资源环境承载能力、经济社会发展水平、产业布局情况、历史人文特点等，合理确定城市规模、空间结构和发展方向。鉴于城市尤其是大城市在吸引人才方面本来就占据强大优势，应当引导城市从全局和大局出发，通盘考虑一定行政区域内的城乡情况，精准施策，理性制定各类吸引人才的政策，努力控制城市"虹吸效应"客观上产生的负面效应。

山东省于2020年年底出台新政：按"宜城则城，宜乡则乡"的原则，在全面放开城镇落户限制的同时，允许符合条件的入乡返乡创业就业的高校学生、退伍军人，以及拥有农村宅基地使用权的原进城落户农村人口回农村落户。他们可以把城市的新思维、新技术、新商机等引入乡村，把乡村的美景、产品和服务等推介给城市，从而有力推动乡村产业发展，繁荣乡村文化，汇聚乡村人气和活力，促进乡村全面振兴。这个举措既可打消农村人口"进城落户后过不好又回不去"的后顾之忧，加快农民工市民化和新型城镇化进程，又可加力为乡村振兴输送各类人才。

让愿意进城打拼的安心留城，让有志到乡村建功的顺利下乡。山东的探索有利于破除妨碍城乡要素自由流动和平等交换的壁垒，健全城乡融合发展体制机制，促进城乡人口双向流动、均衡发展，值得借鉴。

（原载红网，2021年6月12日）

# 倡导公民更积极追求精神生活

河南郑州遭"千年一遇"特大暴雨袭击，导致多人不幸罹难；肆虐德国西部的几十年来最严重的大洪灾，已造成数百人死亡和失踪；美国西北部多个城市正饱受当地史上最热天气炙烤，极端气温达43℃，引发了特大林火……最近，全球各地极端天气频发，人类损失惨重。

"世界天气归因联盟"（World Weather Attribution）就此发表的研究报告指出，气候中的非线性相互作用，大大增加了极端天气出现的可能性——人类造成的气候变暖，可能以某种方式触发了气候模式的突然及不可预测的变化，包括极端天气事件出现的频率和强度。可以说，极端天气在世界各地扎堆逞威，正是大自然再次发出的严厉警告，不啻给人类上了一堂活生生的警示课：全球变暖可能引发的恶果，不再像南极冰山加快融化那样离我们遥不可及，它们就隐伏在我们身边，每个人都可能成为下一个受害者。

我们应当重新反思人类与自然的关系，清醒认识到：人类之依赖于自然，就像婴儿依赖于母亲；没有自然提供各类资源，人类就无法生存。人类应当满怀感恩之心、敬畏之情，像对待母亲那样善待自然、呵护自然；应当增强危机感、责任感，积极行动，努力实现碳中和，遏制全球变暖。只有这样，才能最大限度地减少气象灾害等生态灾难，保障人类可持续发展。

为此，我们需要尽量减少对自然的侵扰、对资源能源的消耗，积极维护全球生态系统的稳定。在推动生产方式从粗放型向集约型转变的同时，我们也需倡导公民树立节制物欲、简约适度的生活理念，更多、更积极地追求精神生活。对物欲的无节制追求容易诱发盲目的物质生产，炫耀式、

猎奇式消费等种种铺张浪费，尤其会破坏生态。

在我国 GDP 已突破 100 万亿元、实现全面小康的情况下，倡导公民更多、更积极地追求精神生活，实现精神生活富裕，不但是遏制地球变暖的客观需要，也是人吃饱穿暖的基本需求得以满足后，必然希冀全面发展的高层次需求。只有大家的精神生活也都富起来，才能最终实现共同富裕。据统计，2015 年至今，我国人均教育文化娱乐开支占人均消费总支出的比重，一直没有超过 11.7%，与人均 GDP 同等水平国家特别是发达国家相比，这个数字偏低，提升我国公民精神生活水平的潜力还很大。

人不管沉迷锦衣玉食还是陶醉于琴棋书画，都是为了追求幸福。与物质生活相比，精神生活给予人的幸福感更广阔、更深刻、更持久。当一个人已衣食无忧，特别是已达中等收入水平时，物质财富的增多并不能明显增强其幸福感；能更多让其感受到生活之芬芳的，是丰富多彩、充实愉悦的精神生活，是能在城市呼吸到清新空气，能在夏夜欣赏到璀璨星空。我们可以看到，不少对人类文明作出杰出贡献的大家，物质生活都很俭朴，因为他们从不断发掘自身潜能的创造性活动中，享受到莫大的乐趣。比如，袁隆平常穿几十元的 T 恤、衬衫，却说下田最快乐。

遏制地球"发烧"，人人有责、人人可为、人人得益。让我们共同憧憬：当绿色生产、精神消费和低碳生活蔚然成风，山会变得更绿，水会变得更清，老天不再频频"发飙"，我们可以更多地享受"风日晴和人意好"的生活。

（原载《四川日报》2021 年 8 月 2 日）

# 运动式减碳要不得

中央政治局于 2021 年 7 月 30 日召开会议，部署下半年经济工作。会议要求，要统筹有序做好碳达峰、碳中和工作，尽快出台 2030 年前碳达峰行动方案，坚持全国一盘棋，纠正运动式减碳。

我国虽已实现全面小康，但仍是世界最大的发展中国家，依然处在工业化和城市化的中后期，必须保持一定的发展速度。因此，在未来一段时期，我国对能源的需求量还将持续增长，碳排放还将持续增长。减碳必须立足这个客观实际。我国于 2020 年宣布，力争 2030 年前实现碳达峰、2060 年前实现碳中和。这个承诺时间远远短于发达国家所用时间；同时，实现碳达峰、碳中和本身就是复杂、长期和系统性的工程，不是可以一蹴而就的短期行动。比如，各行业的碳排放是互相关联的。一个行业的生产变化不仅影响自身碳排放，还会通过产业链影响其他行业碳排放。就是说，减碳需要对各行业统筹协调。只有我们做好顶层设计，制订科学的实施方案，循序渐进，艰苦努力，才有望如期实现目标。

运动式减碳主要针对生产环节。这个环节的减碳有三个途径：一是企业通过技术改造，提高能效，实现技术减碳。二是企业通过提高管理水平，节约能源，实现管理减碳。这二者始终有利于促进经济发展、降污减排和改善人民生活等，不论在工业化、城市化的哪个阶段，不论碳达峰、碳中和走到哪一步，各地、各企业都应竭力去做。三是调整、优化产业结构和能源结构，实现结构减碳。例如，大力发展低碳的现代服务业、数字经济、高新技术产业等，抑制钢铁、水泥等高能耗高排放产业扩张；加快发展水能、风能、太阳能等非化石能源产业，减少煤炭、石油等化石能源消费。

运动式减碳就发生在结构减碳这个途径上。它主要指一些地方没有做好统筹规划，超越当地发展阶段，盲目减排，导致减排成本偏高、减排效益不佳，影响经济社会发展、人民生活水平提高。

不论是产业结构还是能源结构调整，都需要一个过程，都需要科学统筹规划，有序稳步进行。比如，煤炭虽然不是清洁能源，但在能源消费结构中占比依然高达56.8%，依然是现在和未来一段时间维护能源安全、电力稳定供应的可靠保障。因此，为了减排，逐步减少煤炭的消费虽然是总体趋势，但不能搞运动式压减，而需要通盘考虑，兼顾一个区域内能源系统的安全性、经济性和清洁化，做好石油、煤炭、水能、风能等各子系统之间的协调规划、互相补位，在此基础上，逐步实现到2030年非化石能源占一次能源消费比重达25%左右的国家目标。再如，一个地方打算从以制造业为主升级为以高新技术产业为主，也要根据当地实际，尊重产业发展规律，有序推进，不能盲目追求减碳。

运动式减碳是传统的运动式治理思维的一种新表现。这种治理的特点是脱离实际，方式简单，负面影响大，后遗症多。当然，反对运动式减碳，并不是提倡消极不作为，坐等国家碳达峰行动方案出台再抓减排。总之，减碳要实事求是，综合考虑本区域的产业结构、能源结构以及各行业的能源消费情况，合理设定目标，科学把握节奏，有序推进。

（原载《人民政协报》2021年8月9日）

# 后　记

　　原打算这辈子只出版学术著作，认为这还算有点价值；不出版评论、散文、诗歌等作品集，认为那意义不大。结果还是未能免俗。

　　过了50岁，才理解人们为什么爱将自己零散发表或写作的作品结集出版。别的原因不说，光说一条：人老了，总想多一点精神寄托。作品集就像自己的孩子一样，是一个重要的精神慰藉，让作者体会到一种充实感、成就感，仿佛可以从中看到自己一步一个脚印的人生轨迹——这世界，我曾经来过。

　　1983年，我在福州市秀山初级中学恩师官玉玲老师指导下，开始往报刊投稿，一直笔耕不辍，诗歌、散文、杂文、时评等多有涉猎。1997年在《福州晚报》发表第一篇时评，此后时评成为我的主攻方向，可以说写上瘾了——写作是苦累的事，但不写更难受。这本书收录的是2003—2021年写作的时评，共81篇，其中5篇由于种种原因此前未能公开发表。仍有部分作品由于种种原因，此次仍未收入本书。之所以将本书收录作品的时间下限定于2021年，是因为这一年我刚好满50周岁。计划退休后出版第二本时评选集。

　　这次利用整理2003—2021年这19年时评的机会，第一次对自己的时评写作史作了一次回顾和总结。编选的标准主要看时评质量。部分作品并不见佳，之所以选入，主要是因为所发表的报刊规格较高，或影响力较大。对选入的时评，多数作了不同程度的修改（包括标题），以尽力提高质量。早期的部分作品囿于当时的水平，质量相对差一些，修改也相对多一些，但大框架基本不变；最近几年的作品，改动较少。全书按时评发表或写作的时间编排先后顺序。编完本书，最大的感觉是惭愧：写了20多

年，真正像样、真正让自己满意的作品不多。

　　将此书命名为《屏山漫笔》，是因为书中收录的作品，绝大多数写于福州屏山麓的福建日报社。

　　最后引用王维的《辛夷坞》自勉："木末芙蓉花，山中发红萼。涧户寂无人，纷纷开且落。"

黄琳斌

2025 年 3 月于榕城